Der Himmel hinter dem Horizont

Luzide Träume: Jenseitsreisen mit Rückkehrgarantie

von

Rudolf Riedl

Originalmanuskript aus dem Jahre 2000
1. Auflage
Mai 2003 Röttenbach
Copyright Rudolf Riedl
Ursprünglicher Titel: Wenn du erkennst, dass du dein Himmel
bist
Alle Rechte vorbehalten
Herstellung: Books on Demand GmbH, Norderstedt
Printed in Germany
ISBN 3-8330-0327-8

Bibliographische Information Der Deutschen Bibliothek:
Die Deutsche Bibliothek verzeichnet diese Publikation in der
Deutschen Nationalbibliographie; detaillierte bibliographische
Daten sind im Internet über <http://dnb.ddb.de> abrufbar.

INHALT

Was Sie in diesem Buch erwartet

Es gibt nur wenige Erfahrungen, die einen Menschen so tief bewegen, dass sie ihn innerhalb kürzester Zeit dauerhaft prägen. Das Erlebnis des unmittelbar bevorstehenden eigenen Todes ist eine solche Erfahrung. Seit es der Intensivmedizin immer öfter gelingt, herz- und kreislauftote Patienten wieder zu beleben und Menschen im Koma lange Zeit mit Apparaten am Leben zu erhalten, häufen sich Erzählungen von Erlebnissen aus einem Erfahrungsbereich, der früher dem Jenseits zugesprochen wurde. Was klinisch tot gewesene und wieder belebte Menschen berichten, sind phantastische Erlebnisse voll prächtiger Bilder, wundervoller Klänge und intensiver Gefühle. Mit solchen Nahtodeserlebnissen werden wir uns im *ersten Kapitel* beschäftigen. Ohne das Tabu des Todes zu verletzen und ohne das Sterben zu verharmlosen oder seiner Tragik zu berauben, suchen wir nach wissenschaftlichen und philosophischen Erklärungen für diese wichtige und unabwendbare Phase im Leben jedes Menschen. Da noch kein Mensch von den Toten wiederauferstanden ist, können wir nicht wirklich wissen, was beim Sterben mit uns geschieht. Alle Aussagen über den Tod, selbst die, dass mit dem Tod alles aus sei, sind weder belegt noch beweisbar. Das gibt uns die Chance, frei von Vorurteilen und Lehrmeinungen unsere eigene persönliche Jenseitsvorstellung zu entwerfen.

Erlebnisse sterbender Menschen sind von einer übernatürlichen Klarheit. Der sterbende Mensch hat das Gefühl, mitten im Geschehen zu stehen, und empfindet nicht selten eine absolute Harmonie zwischen sich und den Objekten seiner Erlebnisse. Damit ähneln Nahtodeserlebnisse in erstaunlicher Weise luziden Träumen. Ein Traum ist dann luzid, wenn sich der Träumer seines Schlafes bewusst wird, ohne aufzuwachen. Sowohl in Nahtodeserlebnissen als auch in luziden Träumen erleben sich Menschen als Zentrum des Geschehens. Farben werden klarer gesehen und Töne reiner vernommen als im Lebensalltag. Luzidität hat jedoch nicht den Schlaf zur Voraussetzung. Luzid zu träumen kann man erlernen, wie das Spielen auf einem Musikinstrument oder das Fahren mit einem Auto.

Im *zweiten Kapitel* gebe ich Ihnen eine fundierte Einführung in die Praxis des luziden Träumens. In Ihren luziden Welten werden Sie alles erleben können, was Sie schon lange erleben wollten – klar und bewusst. Ich zeige Ihnen, wie Sie beliebige Orte Ihrer Phantasie aufsuchen oder es sich in lieblichen luziden Landschaften bequem machen, während Ihr Körper scheinbar schlafend in seinem Bett liegt. Sie werden leichten Fußes über bunte Blumenwiesen laufen und sich an klaren Gebirgsbächen von Ihrem Alltag erholen. Bewusstes, luzides Träumen eröffnet Ihnen die Möglichkeit, auf Zeit Ihre Alltagswelt zu verlassen, um in erfüllenden Traumwelten neue Kraft und Lebensfreude zu schöpfen.

Im *dritten Kapitel* zeige ich Ihnen, wie Sie Ihre Erfahrungen aus luziden Träumen auf die bunten und dramatischen Nah- und Nachtodessituationen anwenden, wie Sie es vermeiden, in Ihrer Phantasiewelt ein Spielball von Monstern aus den Tiefen Ihrer Seele zu werden, und wie Sie sich aus ungünstigen Situationen befreien. So werden Sie beispielsweise erotische Erlebnisse und das Gefühl grenzenloser Liebe zwar genießen, sie aber dennoch als Episoden Ihrer eigenen Phantasiewelt erkennen und sich nicht darin verlieren. Gleiches gilt für Erlebnisse größter Not, tiefsten Grauens und bodenloser Angst. Sie werden lernen, weder in ausweglos erscheinenden Situationen Ihres Nahtoderlebens zu verzweifeln, noch sich von grauenvollen, wichtig erscheinenden oder verlockenden Situationen vereinnahmen oder überrumpeln zu lassen.

Möglicherweise gehen *Nah*todeszustände in *Nach*todeszustände über und führen von da aus in ein neues Leben. Falls Sie auch nur die Spur einer Wahrscheinlichkeit für die Existenz dieses Weges in ein neues Leben sehen, sollten Sie sich darauf vorbereiten. Das *vierte Kapitel* gibt ihnen Anhaltspunkte und Tipps, wie Sie in Ihren luziden Träumen die Welt jenseits der Nah- und Nachtodeszustände simulieren und sich darauf vorbereiten können.

Außerdem finden Sie immer wieder kursiv gesetzte Texte; sie begleiten die einzelnen Kapitel und schildern die spannende Geschichte eines Mannes, der nach seinem Ableben im Jenseits erwacht, Gefahren und Abenteurer durchlebt, Glück und Liebe findet und schließlich sich selbst erkennt.

1 Am Horizont des Lebens

Die Beschäftigung mit dem eigenen Tod

Sterben hat zwei vollkommen unterschiedliche Gesichter. Da ist zum einen die hässliche Fratze des Todes, der liebe Menschen aus unserer Mitte reißt, uns mit Trauer erfüllt, uns vor Angst nicht schlafen lässt und nach Verwesung und Zersetzung riecht. Das ist die äußere Seite des Todes – Erfahrungen, die wir als Lebende mit dem Sterben machen.

Doch der Tod hat auch noch eine andere Seite. Sie zeigt das Sterben von innen, als persönliches Erlebnis. Zwar ist noch niemand von den Toten zurückgekehrt. Doch die Berichte von Frauen und Männern, deren Körper bereits zu sterben begonnen hatten, und die mit den Mitteln der modernen Medizin ins Leben zurückgeholt werden konnten, lassen uns einen Blick auf eine Zeitspanne des Sterbens werfen, die mit der Unterbrechung der Sauerstoffversorgung des Gehirns beginnt und mit dem Eintreten irreversibler Schäden an der Gehirnsubstanz endet. Aus dieser Sicht ist Sterben alles andere als kalt, grau und hoffnungslos. In Berichten über Nahtodeserlebnisse finden sich Schilderungen wundervoller Landschaften, liebevoller Wesen, herrlicher Töne und Gerüche und einer alles vergebenden Zufriedenheit.

Wir werden weiter unten sehen, dass sich weder aus der Sicht des Materialismus noch aus anderen philosophischen Positionen Vorhersagen über die

Zeit des Sterbens und eines <Danach> machen lassen. Doch eine Möglichkeit, sich dem Land hinter dem Horizont des Erdenlebens zu nähern, gibt es. Nahtodeserlebnisse gleichen luziden Träumen. Warum also nicht luzid träumen lernen? Warum nicht zu Lebzeiten das Land hinter dem Horizont des Erdenlebens besuchen, um im Ernstfall dem Sterben nicht unvorbereitet gegenüber zu stehen? Es geht um sehr viel. Nahtodeserlebnisse von Menschen, die vom Sterben gerettet werden konnten, ähneln Erfahrungen, wie sie in den Totenbüchern der Menschheit beschrieben werden. Möglicherweise steckt in den Totenbüchern mehr als nur ein Körnchen Wahrheit, und vielleicht liegt hinter dem Tod ein neues Leben. Das sollten wir als unsere große Chance begreifen. Wenn schon der Tod unausweichlich ist, dann sollten wir jede Gelegenheit nutzen, die sich uns durch das Sterben bietet. Was liegt also näher, als Nahtodeserlebnisse bereits zu Lebzeiten zu üben und sich so eine Landkarte des persönlichen Jenseits zu erstellen? Für einen sicheren Umgang mit Nah- und Nachtodessituationen, die möglicherweise den Übergang in ein neues Leben nach dem Sterben ankündigen, erscheint kein Aufwand zu hoch – selbst wenn die Wahrscheinlichkeit für oder gegen ein neues Leben absolut unbestimmbar ist.

Um abschätzen zu können, ob sich Zeit- und Energieaufwand für den Erwerb der Fähigkeit, bewusst in Ihr persönliches Jenseits zu reisen, lohnen, sollten Sie den wahrscheinlichen Nutzen der Vorbereitung auf Ihre Nah- und Nachtodeswelten mit dem wahrscheinlichen Nutzen der Vorsorge in anderen Lebensbereichen abwägen. Vergleichen Sie beispielsweise den Arbeitsaufwand für das Erlernen luziden Träumens (siehe Kapitel 2) mit dem Aufwand, den Sie für Ihre Versicherungen betreiben. Überlegen Sie sich, wie viel Geld Sie für Ihre Krankenversicherung, Unfallversicherung, Hausratsversicherung und Rentenversicherung bereits ausgegeben haben, und rechnen diesen Aufwand in Arbeitszeit und Lebenszeit um. Das Erlernen luziden Träumens ist eine Art Jenseitsversicherung. Die Stunde Ihres Todes ist Ihnen absolut gewiss – und damit auch die von wiederbelebten Menschen berichteten Nahtoderlebnisse. Stellen Sie Vergleiche an zwischen dem Energieaufwand für Ihre Versicherungen und für Ihre Nahtodesübungen! Überlegen Sie sich auf dieser Basis Sinn und Zweck einer Beschäftigung mit dem eigenen Tod!

Lassen Sie sich nicht von der düsteren Atmosphäre des Themas Sterben und Tod schrecken. Die Beschäftigung mit dem Sterben bringt kein Unglück. Sie wird genau so wenig Ihren unmittelbaren Tod zur Folge haben, wie der Abschluss einer Brandversicherung Ihr Hab und Gut in Flammen aufgehen lässt.

Was spricht eigentlich gegen eine Beschäftigung mit dem Sterben? Gewiss, der Gedanke an den Tod hält Ihnen Ihre Verwundbarkeit vor Augen, macht trübsinnig, beraubt Sie endgültig vieler Lebenshoffnungen, lässt gar manches Vorhaben sinnlos erscheinen. Der Gedanke an das Eingebundensein des eigenen Körpers in das Werden und Vergehen der Natur hat schon so manchen Menschen um seine Lebensfreude, Ruhe und Zufriedenheit gebracht – und nachdenklich gemacht. Doch die Gefühle der Trauer und Ohnmacht angesichts unserer körperlichen Endlichkeit lassen sich nicht dadurch lindern, dass wir die Hände in den Schoß legen und lieber gar nicht an die große Herausforderung und Chance am Ende unseres Erdenlebens denken. Unsere Vorbereitung auf den eigenen Tod sollte sich nicht in seiner Verdrängung erschöpfen. Die Verdrängung des Wissens um die eigene körperliche Endlichkeit aus unserem Lebensalltag ist der größte Selbstbetrug unserer Zeit!

Was sollen wir also tun? Ich finde, wir sollten unser Erdenleben angesichts seiner Endlichkeit genießen so gut es geht. Zugleich aber dürfen wir nicht vergessen, dass die Endlichkeit des Lebens auch die Chance zu einem neuen Anfang bietet! Darauf sollten wir uns vorbereiten.

Still und friedlich ruht der nächtliche Wienerwald im Schein des Vollmondes. Sie müssen eingeschlafen sein, als Sie sich bei Ihrer Wanderung auf den Höhen des Kahlenberges im Gras ausruhen wollten. Die milde, würzige Luft der Hochsommernacht lässt Sie frei und tief durchatmen. Da, der Ruf einer Eule. Sie genießen die friedvolle Stimmung und fühlen sich so wohl wie seit langem nicht mehr. Erstaunt berühren Sie die Stelle an Ihrer Brust, an der Sie bislang diese stechenden Schmerzen plagten. Es ist kein Schmerz mehr da. Sie fühlen sich leicht und sorgenfrei. Vor Freude breiten Sie Ihre Arme aus und rufen ein lautes „Danke" in die Nacht.

Mit dem Echo Ihrer Stimme verstummt der Ruf der Eule. Verstohlen blicken Sie sich um. Kein Mensch ist zu sehen. Ein paar Meter hinter Ihrem Ruheplatz im trockenen Gras, der sich im Mondlicht deutlich als dunkle Kuhle abzeichnet, verläuft der Höhenzug des Kahlenberges. Auf seiner anderen Seite liegt die pulsierende Großstadt Wien. Sie drehen sich um, gehen ein paar Schritte nach oben, setzen sich auf einen großen, flachen Stein und suchen in der nebligen, mondscheinerhellten Landschaft unten im Tal nach den Türmen des Stephansdoms. Doch in der dunstigen Luft können Sie nur schemenhafte Umrisse erkennen. Da, die Donau!

Die Luft ist erfüllt vom Zirpen unzähliger Grillen. Gerade stimmt im hohen Gras vor Ihnen eine Heuschrecke ihren Gesang an. Von unten erklingt das Geheul eines Wolfes. „Wahrscheinlich aus dem Tierpark Schönbrunn", denken Sie sich. Ihr Blick gleitet am im Mondschein silbergrau leuchtenden Band des Flusses entlang. Da müsste das Riesenrad stehen! Doch Sie erkennen nur Baumkronen.

Verwundert reiben Sie sich die Augen. Vor Ihnen im Tal leuchten keine Lichter. Kein Verkehrslärm dringt von dort zu Ihnen auf die Höhen des Kahlenberges. Kein einziges Gebäude ist im Tal der Donau zu sehen. Ungläubig und mit offenem Mund stehen Sie auf. Die Heuschrecke vor Ihnen verstummt. Sie legen noch einmal die Hand an Ihre Brust, berühren *die Stelle, wo heute morgen noch die unerträglich stechenden Schmerzen waren - und Sie haben einen Verdacht, der erschreckend und erlösend zugleich ist: Die Welt, in der Sie sich jetzt befinden, diese milde, friedliche Sommernacht, der würzige Pflanzenduft und die Stimmen der Grillen und Heuschrecken, das kann unmöglich Ihre normale Alltagswelt sein ...*

Der Umgang mit der Angst vor dem Tod

Nichts hält unsere Seele so gefangen, wie die Aussicht auf den Tod. Die Angst vor dem Tod nimmt vielen Menschen die unbefangene Freude am Leben und lässt keinen Raum für wahre Glückseligkeit. Wir wissen nicht, was uns erwartet, wenn der Körper seine Funktionen einstellt. Die Angst vor dem Tod ist die Angst vor dem Unbekannten.

Über die Art und Weise wie Menschen mit ihrer Angst vor dem Tod umgehen, wurde schon viel nachgedacht und geschrieben. Zahlreiche Untersuchungen über das Wie und Warum der menschlichen Todesangst wurden durchgeführt. Belegt sind eine Reihe von Verdrängungsmechanismen, die sich beispielsweise in dem Ignorieren des Todes äußern. Selbst Fluchtverhalten in Form einer übertriebenen

Arbeits- und unmäßigen Genusssucht, sowie übersteigerte Religiosität sind nachgewiesen. Eine sehr unbesonnene Strategie des Umganges mit der Angst vor dem körperlichen Ende ist die aktive Suche des Todes auf dem Wege des Selbstmordes oder des absichtlich leichtsinnigen Verhaltens.

Auch die Stilisierung des Todes als des absoluten Endes unseres Seins ist eine Angst-Abwehrstrategie. Wir haben sie uns ausgedacht, weil wir mit unserem materialistischen Weltbild unser persönliches Ende nicht verstehen können. Und wir haben aus unserer Not mit dem Sterben sogar eine Tugend gemacht: Den Tod als das eigene absolute Ende zu betrachten ist chic. Man ist damit auf der Höhe des Zeitgeistes – und außerdem verschwinden mit dem absoluten Ende unseres Seins auch unsere kleinen und großen Untaten, denn wenn mit dem Tod alles aus ist, dann endet auch unser Gewissen!

Nicht selten bereitet der Gedanke an das bevorstehende körperliche Ende panische Angst. Doch anstelle sich dieser Angst zu stellen, verdrängen sie viele Menschen. Übergroße Angst lähmt klares Denken. Jeder Mensch ist jedoch in seinem Lebensalltag auf ein möglichst wirkungsvolles Entscheidungsvermögen angewiesen. Daher liegt einer der Hauptgründe für die Verdrängung der Angst vor dem Tod in der Aufrechterhaltung der eigenen Entscheidungs- und Funktionsfähigkeit im Alltag.

Die Angst vor dem Tod ist vielschichtig. Sie setzt sich zusammen aus der Furcht vor dem Unbekannten, vor Einsamkeit und Verlust, vor Sorgen um die eigenen Angehörigen, die dann auf sich alleine gestellt sind, vor Grauen, furchtbaren Schmerzen, trostlosen Lähmungen und vor der langsamen Auflösung der Kontrolle über den Körper.

Als besonders heimtückisch gilt die unterschwellige Angst vor dem Tod, weil niemand absolut sicher sagen kann, wann und wo unser Lebensweg endet. Gesteigert wird die unterschwellige Angst durch die Vielfalt an Meinungen der selbsternannten Experten: Da prallen die Jenseitsvorstellungen der Religionen auf den Standpunkt des Materialismus, der seine Daseinsberechtigung gerade aus der Ablehnung von allem, was jenseits des materiell Erklärbaren existieren könnte, schöpft. Gekrönt wird das Chaos noch von den Sahnehäubchen aller möglicher Phantasiegeschichten, die sich um den Tod und das Sterben ranken. Und dann gibt es noch die Meinung, dass auch der Tod einen Sinn hat, ein ganz normaler Teil unseres Lebens ist und ein ganz selbstverständlicher Ablauf unseres Seins.

Richtig zu sterben heißt vor allem richtig zu denken und zu leben. Sterben wird von einer Reihe von Phantasien eingeleitet, und es deutet vieles darauf hin, dass die Nahtoderlebnisse auch in ihren fortgeschrittenen Stadien ausschließlich von persönlichen Phantasien getragen werden. Daraus lässt sich die einzige funktionierende Strategie gegen die Angst vor dem Tod ableiten: Jeder Mensch sollte bereits während seines Erdenlebens mit diesen Phantasien vertraut werden und lernen, sie willentlich zu steuern.

Wenn die Furcht vor Ihrer körperlichen Endlichkeit Sie dazu gebracht hat, sich bewusst mit dem Sterben auseinander zu setzen und einen Blick in die bunte, schillernde Welt Ihres Jenseits zu werfen, dann hat auch die Angst vor dem Tod ihren tieferen Sinn.

Verwundert blicken Sie hinab in das menschenleere Donautal, drehen sich nach Westen und lassen Ihren Blick entlang des mondlichtbeschienenen Höhenzugs des Kahlenberges schweifen. Kein Zweifel! Sie befinden sich nördlich von Wien. Sie drehen sich nach Osten. Am Horizont verkündet ein blassblauer und gelblichweißer Lichtschein den Sonnenaufgang des neuen Tages. Ein Amselmännchen in den Bäumen hinter Ihnen stimmt seine Morgenmelodie an.

In der lieblich entspannten Stimmung der zu Ende gehenden Sommernacht stehen Sie auf dem höchsten Punkt des Kahlenberges, blicken auf das Tal der Stadt Wien hinab und atmen die wohltuende, würzige, gesunde Luft des heraufdämmernden Sommermorgens. Vor Glückseligkeit beginnt es in Ihrem Bauch zu kribbeln. Zuerst vibriert Ihr Zwerchfell nur ganz verstohlen, so als ob jemand da wäre, der Sie hören könnte. Sie blicken sich nach allen Seiten um. Und dann brechen Sie in lautes, schallendes Gelächter aus, das sich in einer Serie von Zwerchfellkontraktionen aus Ihrem Brustkorb befreit. Die Angst der letzten Wochen, die auf jeder Faser Ihres alten Körpers lastete, ist auf einmal restlos verflogen.

Befreit, mit vor Lachen leuchtenden Augen und einer feuchten Nase, setzen Sie sich ins Gras und stecken Ihre Hände in die Hosentaschen. Doch schnell ziehen Sie die rechte Hand wieder zurück, reiben Ihren Daumen an Ihrer Hose, stecken ihn in den Mund und fühlen mit der Zunge die feine Schnittwunde in der Fingerkuppe.

Vorsichtig greifen Sie erneut in die Tasche, tasten und ziehen ein handtellergroßes, keilförmiges Etwas heraus. Behutsam befühlen Sie den sonderbaren Gegenstand, gleiten mit den Fingern vorsichtig über seine Oberfläche, die Sie an Stein erinnert, riechen daran und halten ihn der zarten Morgenröte des beginnenden Tages entgegen.

Irgendwie kommt Ihnen dieser Stein bekannt vor. Seine Keilform, die höckerige Oberfläche, seine scharfe und stumpfe Seite. Natürlich - es ist ein steinzeitlicher Faustkeil!

Und dann fällt Ihnen wieder ein, wo Sie diesen Faustkeil schon einmal gesehen haben, und die Geschehnisse des vergangenen Tages ziehen in Ihrer Erinnerung vorüber:

Es war kalt an diesem Vorweihnachtstag in Wien. Durch die Fußgängerzone kroch der Geruch von Glühwein und Röstkastanien. Wie jeden Donnerstag seit Ihrer Pensionierung wollten Sie auch diesmal wieder den Nachmittag im Naturhistorischen Museum verbringen. Besonders die Abteilung für Früh- und Vorgeschichte begeisterte Sie schon seit langem. Dieser geheimnisvolle Museumsgeruch, das Knistern und Knarren der alten Dielen des Holzfußbodens!

Sie kennen den Inhalt sämtlicher Schaukästen, haben die Texte unzählige Male gelesen, und es als pensionierter Geschichtslehrer genossen, mit anderen Museumsbesuchern anregende Gespräche über die Frühgeschichte Europas zu führen.

Ja, es muss vor der Vitrine mit den steinzeitlichen Werkzeugen gewesen sein, als diese Schmerzen in Ihrer Brust wieder einmal besonders unerträglich wurden, so unerträglich, dass Sie sich auf einen der abgewetzten Lederhocker neben dem hohen, mit gusseisernen Ornamenten verzierten Fenster setzen mussten.

Und dann haben Sie das Bewusstsein verloren, denn als nächstes erinnern Sie sich an die Decke eines weißen, steril anmutenden Raumes, von der aus Sie schwebend auf einen unter Ihnen liegenden Körpers hinabblicken konnten. Es war Ihr Körper, der da lag, und an dem sich drei in Weiß gekleidete Gestalten zu schaffen machten.

Ohne das geringste Gefühl von Furcht haben Sie den drei Menschen eine Zeit lang zugesehen. Fast wollten Sie ihnen zurufen: „Hier bin ich, hier oben"! Doch Ihnen war klar, dass sie es nicht hören würden.

Und nun sitzen Sie hier auf dem Kahlenberg, am Anfang eines traumhaft schönen Sommermorgens. Sie wiegen noch einmal den Stein in Ihrer Hand, fahren mit dem Fingernagel vorsichtig über seine scharfe Schneide und legen sich ins duftende Gras. Umgeben vom Vogelgesang des beginnenden Tages, mit leichtem Herzen und einer Mischung aus Dankbarkeit und Glückseligkeit schlafen Sie wieder ein.

Was Menschen erleben, wenn sie sterben

Wie können wir als Lebende Aussagen über die Zeit des Sterbens machen, wo wir doch noch nicht gestorben sind? Woher haben wir unser Wissen? Typische Sterbeerlebnisse wurden inzwischen in Tausenden von Fällen bei intensivmedizinisch betreuten Menschen gesammelt. Etwa zwei Drittel aller klinisch toten und wieder belebten Patienten berichten nach erfolgreicher Reanimation von einem Nahtodeserlebnis. Viele Menschen, die bereits einmal klinisch tot waren und durch die moderne Intensivmedizin gerettet werden konnten, hatten selbst dann noch Erlebnisse, als sich keine entsprechenden Funktionen des Gehirns mehr messen ließen. Meist erzählen diese Menschen nach einer erfolgreichen Wiederbelebung von einem strahlenden Licht am Ende eines Tunnels, von Begegnungen mit Engeln oder lieben Bekannten, die bereits tot sind, von wunderbaren Visionen herrlicher Landschaften voll himmlischer Gerüche und Klänge.

Seit der amerikanische Arzt Dr. Raymond Moody[1] seine Interviews mit Überlebenden von lebensgefährlichen Situationen veröffentlichte und die Schweizer Psychiaterin Elisabeth Kübler-Ross[2] über ihre Arbeit mit sterbenden Menschen berichtete, gehört das Nahtodeserlebnis zu den elementaren Rätseln unserer Zeit.

Die Berichte ähneln einander:

„Ich fühlte, wie ich aus meinem Körper austrat und zwischen Matratze und Seitengitter des Bettes hinab glitt. Es kam mir aber eher so vor, als ob ich mich durch das Gitter hindurchbewegte, bis ich am Boden ankam. Und von da an stieg ich ganz langsam in die Höhe.´

‚Während des Emporsteigens sah ich immer mehr Schwestern ins Zimmer gelaufen kommen, es müssen wohl etwa ein Dutzend gewesen sein. Sie riefen meinen Arzt, der sich gerade auf seiner Runde durchs Krankenhaus befand, und auch ihn sah ich hereinkommen. Ich dachte: Was will er eigentlich hier?‚‚

(3)

Zahlreiche Experten der Nahtodesforschung berichten übereinstimmend von Erlebnissen des Todes, die einerseits ganz normalen früheren Alltagserlebnissen des Sterbenden ähneln, die aber auch traumähnliche Elemente enthalten und aufgrund der beteiligten gefühlsmäßigen Anteile auch Vergleiche mit Halluzinationszuständen zulassen. So beschreiben der Psychiater Dr. Raymond Moody und die Ärztin für Psychiatrie Dr. Elizabeth Kübler-Ross, beides Pioniere der Wissenschaft des Sterbens, bunte traumähnliche Erlebnisse klinisch toter Menschen zu einer weit fortgeschrittenen Phase des Sterbens, in der diese Menschen nach objektiven, wissenschaftlichen Gesichtspunkten gar keine Erlebnisse mehr haben dürften. Bereits auf der Grundlage ihrer Interviewergebnisse stellte sich für Moody und Kübler-Ross die Frage, ob es ein Erleben ohne Körper geben kann. Doch erst die Ergebnisse der modernen Bewusstseinsphilosophie zeigen uns einen Weg, Nah- und Nachtodeserlebnisse auf der Grundlage einer Erlebenstheorie zu erklären, die beides, Alltagswelt und

Nachtodeswelt unter einem einheitlichen Gesichtspunkt beschreibt (vgl. S. 41).

Bereits den ersten Forschern, die sich mit dem Sterben beschäftigten, fiel auf, dass dem Sterbeprozess eine auffällige Phasenstruktur zu eigen ist. Trotz ihrer Ähnlichkeit zu Träumen, Halluzinationen oder Zuständen nach Drogeneinnahme musste es sich daher bei den geschilderten Erlebnissen um etwas ganz anderes handeln.

Als erstes machten der amerikanische Psychologe K. Ring(4) von der Universität von Conneticut, die Londoner Ärztin Dr. Margot Grey(5) und die Schweizer Nahtodesforscherin Evelyn Elsaesser-Valarino(6) auf charakteristische Stadien des Erlebens des Todes aufmerksam.

Die Schweizer Nahtodesforscherin Evelyn Elsaesser-Valarino(6) beschreibt in ihrer wissenschaftlichen Untersuchung zur Nahtoderfahrung zwölf typische Phasen:

1. Verlassen des physischen Leibes (Entkörperlichung).
2. Tunnelerlebnis.
3. Strahlendes Licht.
4. Begegnung mit einem Lichtwesen.
5. Empfindung unendlichen Glücks, unsagbarer Freude und tiefen Friedens.
6. Begegnung mit nahestehenden Verstorbenen oder mit unbekannten Wegbegleitern.
7. Visionen einer Lichtstadt.

8. Rückblick auf das eigene Leben.
9. Erkenntnis des absoluten Wissens (das bei der Rückkehr ins Leben teilweise oder gänzlich verloren geht).
10. Die Gewissheit, Teil eines harmonischen, universalen Ganzen zu sein.
11. Wahrnehmung einer Grenze, deren Überschreiten eine Rückkehr ins Leben unmöglich machen würde.
12. Gewollte oder erzwungene Rückkehr ins Leben.

Der Psychologe Ring beschreibt fünf Phasen des Sterbens:

1. Ein Gefühl des Friedens und Wohlbefindens.
2. Das Erleben der Trennung vom eigenen Körper.
3. Der Eintritt in die Dunkelheit.
4. Das Erscheinen eines hellen, strahlenden Lichtes.
5. Das Eintreten in das Licht.

Dem Psychologen Ring zufolge finden nicht immer alle Phasen statt. Doch wenn sie stattfinden, dann durchwegs in der beschriebenen Reihenfolge. In einer Reihe von Interviews mit insgesamt 102 befragten Personen kam Ring zu dem Ergebnis, dass besonders Patienten, die an einer schweren Krankheit litten, alle fünf Phasen seiner Aufstellung durchliefen, während Patienten, die einen Unfall hatten, die letzten beiden Phasen seltener durchlebten. Bei Selbstmordversuchen konnte er dagegen gar keine vierte und fünfte Phase finden.

Die Untersuchungen Rings wurden von der Londoner Ärztin Dr. Margot Grey(5) weitgehend bestätigt:

1   Sie beschreibt die erste Phase als Erlebnisse intensiven Friedens und Wohlbefindens.

2   In der zweiten Phase erleben sich die befragten Menschen neben ihrem Körper stehend oder über ihrem Körper schwebend. Die Sinne, insbesondere das Gehör, sind extrem geschärft.

3   Die dritte Phase ist gekennzeichnet von absoluter Dunkelheit. Sie wird erlebt als der Eintritt in einen langen, dunklen Tunnel.

4   In der vierten Phase weicht die Dunkelheit gleißendem Licht, das mit seinem Glanz alles einhüllt, aber nicht blendet.

5   In der fünften Phase formen sich aus dem Licht Szenen einer farbigen, neuen Welt mit Landschaften, Menschen und Tieren. Häufig werden in dieser Phase bekannte und bereits verstorbene Menschen gesehen, mit denen sogar Gespräche möglich sind.

Jedoch gelangte auch in den Untersuchungen von Dr. Grey nur ein Teil der Befragten in die fünfte Phase. Das mag daran liegen, dass bei den anderen Befragten die Lebensrettungsmaßnahmen bereits früher einsetzten, so dass für einen regulären Durchlauf der Phasen keine Gelegenheit mehr blieb. Es wäre sogar denkbar, dass im Bereich der fünften Phase ein <point of no return> liegt, eine Schwelle, von der aus es kein Zurück ins Alltagsleben mehr gibt.

Dieser Gedanke erscheint auch Dr. Grey plausibel, denn sie vermutet, dass jeder Sterbende an eine Grenze zu kommen scheint, an der er sich entscheiden muss, ob er seinen jenseitigen Weg weiter beschreitet oder ob er bereit ist, umzukehren. Möglicherweise stellt sich diese Frage jedoch nur denjenigen Sterbenden, die aufgrund wieder einsetzender Körperfunktionen (beispielsweise wegen intensivmedizinischer Maßnahmen) diese Wahl haben.

In eine ähnliche Richtung gehen auch die Vermutungen der beiden amerikanischen Nahtodesforscher Karlis Ossis und Erlendur Haraldsson, die darauf verweisen, dass sich die Forschung bisher im wesentlichen auf solche Menschen gerichtet habe, die fast tot waren, wieder belebt worden sind und weiterlebten:

„Dadurch ergibt sich eine einseitige Datenauswahl, da nur die Angaben von Patienten, die nicht tatsächlich starben, untersucht wurden; die wahre Unvermeidbarkeit des Todes könnte ein Faktor sein, der übersehen wurde."(7)

Neben einer typischen Phasenfolge bestehen Nahtodeserlebnisse aus einer Reihe unterschiedlicher Komponenten. Die schweizerische Nahtodesforscherin Evelyn Elsaesser Valarino zitiert in ihrem Buch <Erfahrungen an der Schwelle> die Klassifikation des Psychiaters Bruce Greyson.

Demzufolge haben Nahtodeserlebnisse:

„1. eine kognitive Komponente; sie umfasst eine Verzerrung der Zeit, eine Beschleunigung des Denkens, den Rückblick auf das eigene Leben und plötzliches Begreifen;

2. eine affektive Komponente; diese umfasst die Empfindungen des Friedens und der Freude, des Einsseins mit dem Kosmos sowie das Erlebnis eines überwältigenden Lichtes;

3. eine paranormale Komponente; sie umfasst eine gesteigerte Schärfe des Sehens oder Hörens, der offenkundigen extrasensorischen (außersinnlichen) Wahrnehmung, Visionen der Zukunft sowie das Verlassen des physischen Leibes;

4. eine transzendentale Komponente; sie umfasst die Erfahrung eines zweifellos übernatürlichen Bereichs, die Begegnung mit einem mystischen Wesen, mit Geistern, sowie die Vision einer Grenze oder eines <Punktes ohne Wiederkehr>, die, wären sie über-

schritten worden, eine Rückkehr ins Leben unmöglich gemacht hätten."(6)

Dass die sterbende Person Seh-, Hör- und Gefühlserlebnisse hat, obwohl sie gar nichts mehr sehen, hören und erlebend dürfte, spricht dafür, dass sich die vom Sterbenden erlebte Welt (also seine eigene Erlebenswelt) von der Welt seiner Mitmenschen ablöst. Nach meiner Meinung sind Sterbeerlebnisse Phantasien, und das Jenseits ist eine Phantasiewelt, die ausschließlich aus den Erinnerungen des Sterbenden besteht, also aus dem während seines Erdenlebens angehäuften Wissen. Ob diese Phantasiewelt mit dem Verlöschen der Gehirnfunktionen endet oder den Zerfall des Körpers überdauert, oder ob sie gar die eigentliche Erlebenswelt bewusster Wesen ist, bleibt zunächst im Ungewissen.

Sie erwachen in der warmen Vormittagssonne auf dem Höhenrücken des Kahlenberges, den Faustkeil immer noch fest in Ihrer Hand. Ein kurzer Blick auf Ihre Umgebung zeigt Ihnen, dass die Erlebnisse der letzten Nacht keine vergänglichen Träume waren. Langsam akzeptieren Sie diese neue, friedvolle Welt als Ihre Realität. Als böser Traum dagegen erscheinen Ihnen die letzten Jahre Ihres Erdenlebens: Die Zeitspanne Ihres <besten Alters>, die langweiligen Jahre des Pensionistendaseins, die traurige Zeit, als Ihre Partnerin starb, die häufigen Besuche in Museen und Ihre immer weiter fortschreitende Herzkrankheit.

Sie erheben sich von Ihrem Schlafplatz im Gras, strecken sich, gähnen und blicken sich um. Wald soweit das Auge reicht, bis hinunter zum graublauen Band des Flusses. In der dunstigen Ferne, kurz vor dem Fluss, geht der Mischwald in einen Fleckenteppich aus niedrigem Buschwerk und Wiesen über, gekrönt von den Resten des Morgennebels.

Dieser Fluss dort unten, ja das muss die Donau sein! Jenseits des Flusses verliert sich die Ebene in der dunstigen Luft des Sommervormittages. Aus den geheimnisvollen Tiefen des Waldes unten im Tal ertönt, kaum wahrnehmbar, der Ruf eines Kuckucks.

Zufrieden und in absoluter Harmonie mit sich und Ihrer Umwelt saugen Sie die saubere, von Kräuter- und Blütenduft erfüllte Luft tief in Ihre Lungen und lassen Ihren Blick dem Lauf des Flusses in die dunstig-dampfige Ferne folgen. Nebelschwaden in allen Formen werden von der warmen Vormittagssonne langsam aufgelöst. Doch diese weiße, senkrechte Linie über dem kleinen Wäldchen in der Biegung des Flusses - ist das auch Nebel? Die schnurgerade nach oben steigende und sich an ihrem oberen Ende im Vormittagshimmel verlierende Dampfsäule kann doch nur ein Zeichen für die Anwesenheit von Menschen sein!

Mit dem Faustkeil in der Hand machen Sie sich auf in Richtung Donau.

Was uns Totenbücher berichten

Reisen in Jenseitswelten sind ein fester Bestandteil der Weltkultur. Es gibt unzählige Helden aus der Mythologie, den Heiligen Schriften und der Weltliteratur, die über die Schwelle des Todes gingen, zurückkamen und meist eine Botschaft für die Lebenden mitbrachten. So soll Zarathustra seine prophetische Kraft bei einem Aufstieg in die himmlischen Sphären erlangt haben. Der homerische Held Odysseus begibt sich im elften Buch der Odyssee in die Jenseitswelt, um den toten Seher Tiresias zu suchen. Im Phaidon ist für Platon die Loslösung vom Körper der Weg zu Erlangung von Weisheit und höheren Verstandeskräften.

Reisen in andere Welten sind auch Teil des jüdischen Glaubens. So konnte der vorsintflutliche Patriarch Henoch ohne zu sterben in den Himmel aufsteigen, Gott von Angesicht zu Angesicht treffen und zukünftige Ereignisse sehen.

Insbesondere in den verschiedenen Versionen des Tibetischen Totenbuchs finden sich Berichte über Stationen des Todes, die weit jenseits des Bereiches liegen, den je ein wieder belebter Mensch gesehen hat. Aber auch das Ägyptische Totenbuch, das indische Brihad-Aranyaka und die Upanischaden erzählen von einem nachtodlichen Dasein.

Die Texte der Totenbücher zeigen eine erstaunliche Ähnlichkeit zu den Erlebnissen klinisch toter und wieder belebter Menschen. Mit Sicherheit kannten auch die Autoren der Totenbücher Berichte über Nahtodeserlebnisse. Und in der Abgeschiedenheit ihrer Klöster und der heiligen Atmosphäre ihrer Kirchen und Tempel fiel es ihnen wahrscheinlich leichter, die Kunst des luziden Träumens zu kultivieren und in schillernde Jenseitswelten zu reisen, als uns in unserer hektischen Welt voller Autoverkehr, Fernsehprogrammen, Berufsalltag und Beziehungsstress.

Die alten Überlieferungen erscheinen nur auf den ersten Blick verworren und unverständlich. Beim näheren Hinsehen erkennen wir in ihnen Beschreibungen wundervoller Phantasiewelten. Löst man etwa die Überlieferungen des Tibetischen Totenbuchs aus dem religiösen Zusammenhang und betrachtet sie unter dem Licht der Philosophie des Erlebens, entsteht ein verblüffend klares und in sich geschlossenes Bild der menschlichen Nachtodeswelt, dessen Anfangsstadien wir bereits von den Berichten sterbender Menschen her kennen. Sie lassen sich mit den uns zur Verfügung stehenden philosophischen Mitteln in unser neuzeitliches Denken übertragen und zeigen anschaulich, wie sich die Verfasser des Tibetischen Totenbuchs den Weg durch die Jenseitswelt bis zur Morgendämmerung eines neuen Erdenlebens vorstellten.

In den Totenbüchern der Menschheit wird die Welt des Verstorbenen als Ablauf, als Weg dargestellt. Besonders das Tibetische Totenbuch nimmt einen ausführlichen Bezug auf eine Phasenstruktur, in deren Verlauf es immer wieder zu einem eigenartigen <Umkippen> der vom Sterbenden erlebten Situation kommt. Wir wollen uns dieses <Kentern> der Erlebenswelt näher betrachten.

Wenn es sich bei der Nachtodeswelt um eine Phantasiewelt handelt, dann ist sie, bewusstseinsphilosophisch gesehen, eine Inselwelt, eine Welt ohne Kontakt zur Welt der anderen Menschen. Davon gehen anscheinend die Autoren des Tibetischen Totenbuchs aus. Ihre Anleitungen sollen dem Verstorbenen klar machen, dass es sich bei den Szenen und Figuren, die er während seines Sterbens erlebt, um Projektionen seines inneren Selbst handelt.

Die Phasenstruktur der Nahtodeswelt, wie wir sie aus Berichten von Menschen kennen, die mit intensivmedizinischen Maßnahmen vor dem Tode gerettet wurden, zeigt sich zunächst auch im Text des Tibetischen Totenbuchs. Auch hier beginnt das Sterben mit dem Versiegen der Körperfunktionen. So beschreibt das Tibetische Totenbuch einen Ablauf, der gekennzeichnet ist von verschiedenen Lichterscheinungen und dem Auftreten von Gottheiten. Zunächst sind es friedliche Gottheiten, die in der nächsten Phase von zornigen Gottheiten abgelöst werden (15). Für Anhänger des Tibetischen Buddhismus sind diese Gottheiten die bestimmenden Kräfte der jeweiligen Nachtodesphase. Für einen Christen würden in der gleichen Situation vielleicht gute und böse Engel erscheinen.

Während der Phase der friedlichen Gottheiten erlebt der sterbende Mensch seine Welt unter positiven Aspekten. Das Tibetische Totenbuch spricht von einem blauen Licht, das leuchtend, blendend und wunderbar erscheint (16), vom Reich des vorherrschenden Glücks (17) und von einem prächtigen gelben Reich (18).

Doch jedes Erleben verändert den persönlichen Wissensvorrat. Es bereichert ihn um den Inhalt dieses Erlebens. Auch Phantasieerlebnisse hinterlassen ihre Spuren im Wissensvorrat und variieren damit ihre eigene Ursache (Mehr zu diesem Thema in meinem Buch <Die wesenszentrale Perspektive>). Wenn die Jenseitswelt eine Phantasiewelt ist, dann ändert sie sich mit dem Erleben dieser Phantasien. Das heißt, Nahtodeserlebnisse sind in der Lage, ihre eigene Grundlage umzuformen. Manche Situationen werden durch häufiges Neu-Erleben langweilig, an anderen entdeckt der Sterbende oder bereits Verstorbene neue Facetten. So kann es beispielsweise sein, dass er am Verhalten eines Engels, der bislang mit seiner Güte alles überstrahlte, unmoralische Tendenzen entdeckt. So verliert der Engel nach und nach seine Güte, bis er sich schließlich als kleiner Teufel entpuppt. Auf diese Weise verbrauchen sich bestimmte Themen des persönlichen Wissensvorrats nach und nach. Als Folge verliert die durch sie getragene Gesamtsituation an Kraft, um sodann in eine neue (oft gegenteilige) Situation zu kippen. Im Tibetischen Totenbuch <kippt> die Phase der friedlichen Gottheiten nach einiger Zeit in die Phase der zornigen Gottheiten.

Die Phase der zornigen Gottheiten steht unter der Gesamtsituation von Furcht, Schrecken und Schauer (19), von feindlichen Gefühlen und elenden Zuständen (20), von Blutgelagen, Wesen mit hervorstehenden Zähnen und Schalen aus menschlichen Schädeldecken, die mit Blut gefüllt sind(21). Auch die Phase der zornigen Gottheiten <verbraucht sich> und wird von einer neuen Phase abgelöst. Das kann eine neue positive Jenseitsphase sein, eine veränderte negative Phase oder eine Phase mit einem ganz anderen Thema.

Auch innerhalb der einzelnen Phasen des Nachtodesprozesses beschreibt das Tibetische Totenbuch ein schwanken der Gesamterlebenssituation des Sterbenden zwischen angenehmen und unangenehmen Tendenzen. So kommt es beispielsweise bei dem Auftreten der friedlichen Gottheiten zu einem Wechsel zwischen unterschiedlichen Lichtfarben, Klarheitsstufen des Lichts und Lichtintensitäten. All diese Variationen in der Qualität des Lichts sind immer verbunden mit Beschreibungen der Gesamtsituation, sowie Warnungen und Ratschlägen:

„Lass dich nicht von dem trüben blauen Licht der Tierwelt anziehen. Sei nicht schwach. Wenn du dich anziehen lässt, wirst du in die Tierwelt fallen, wo geistige Dunkelheit herrscht, und wirst grenzenloses Elend von Sklaverei und Stummheit und Stumpfsinn leiden, und es wird sehr lange Zeit dauern, bis du wieder daraus hervorkommst."(22)

Viele Totenbücher unterscheiden zwischen *Nah*todeserlebnissen und *Nach*todeserlebnissen. Nahtodeserlebnisse wurden von Menschen erlebt, die im Sterben lagen und durch die moderne Medizin vom Tode gerettet werden konnten. Sie liegen vor der Schwelle, von der aus kein Zurück in das Erdenleben mehr möglich ist. Nachtodeserlebnisse dagegen gehören eindeutig in den Bereich hinter dieser Schwelle.

Etwa hundert Meter unterhalb Ihres nächtlichen Ruheplatzes empfängt Sie der dichte Laubwald mit alten Buchen, dornigem Brombeergestrüpp und blühenden Kletterpflanzen. Keine Spur von Menschen oder größeren Tieren. Nur Pflanzen, Vogelgesang und Insektengebrumme, soweit Auge und Ohr reichen. Dennoch beschleicht Sie ein mulmiges Gefühl, als Sie sich durch das hohe Gras dem Waldrand nähern und im dichten Unterholz nach einer Öffnung suchen. Das Wolfsgeheul, das Sie letzte Nacht gehört haben, kommt Ihnen wieder in den Sinn. Bilder von Bären, Hyänen und Säbelzahntigern gehen Ihnen durch den Kopf.

Da, eine freie Stelle zwischen zwei mit Dornen bewehrten Büschen. Vorsichtig winden Sie sich an den stacheligen Zweigen vorbei, stapfen über moosbewachsene Steine, gehen vorüber an hüfthohen Farnen, weiter bis zu einem halb vermoderten Baumstamm, balancieren auf dem Stamm tiefer in den Wald hinein und finden sich schließlich in einer seichten, moosbedeckten Mulde unter mächtigen Baumriesen.

Sie fühlen sich in ein Märchenland versetzt. Graugrüne Farne hängen von den knorrigen Ästen herab und verleihen manchen Bäumen das Aussehen verzauberter Riesen. Die Luft ist feucht und riecht nach Harz, Moos und moderndem Holz. Vom Tal her kommt ein kaum fühlbarer Windhauch, der die dampfige Sommerwaldluft angenehm kühl erscheinen lässt. In den Chor aus Vogelstimmen mischt sich das ferne Plätschern eines Bächleins. „Jeder Bach in diesem Wald fließt zur Donau", denken Sie. „Und an der Donau gibt es vielleicht Menschen." Den Faustkeil fest in Ihrer Hand machen Sie sich auf in Richtung des Bachrauschens.

Übliche Erklärungen für Erlebnisse sterbender Menschen

Was sind Nahtodeserlebnisse? Worauf beziehen wir uns, wenn wir von den Erfahrungen sterbender Menschen sprechen? Abgesehen von dem bereits über hundert Jahre währenden Streit zwischen der Psychologie, dem Christentum und Glaubenssätzen fernöstlicher Religionen, beziehen wir uns bei Nahtodeserlebnissen vor allem auf eine Reihe von Phänomenen, die uns von klinisch toten aber wieder belebten Menschen berichtet wurden.

An den Forschungen über Erlebnisse in Todesnähe haben sich Experten aus den unterschiedlichsten Fachbereichen beteiligt. Mediziner, Psychologen, Biologen, Soziologen und Philosophen haben aus dem Blickwinkel ihrer jeweiligen Arbeitsgebiete Todeserlebnisse analysiert. Dementsprechend kamen sie zu einer Vielzahl unterschiedlicher Erklärungen.

Die Bewertung des Wahrheitsgehaltes von Erlebnissen in Todesnähe reicht von strikter Ablehnung über vorsichtige Akzeptanz bis hin zum Missbrauch als Bestätigung für eigene religiöse Vorstellungen. Weil Berichte über Nah- und Nachtodeserlebnisse nur schlecht in unser modernes Weltbild passen, bereitet ihre Erklärung den Vertretern aller Denkrichtungen große Schwierigkeiten.

Dass Menschen Erlebnisse haben können, obwohl sie klinisch tot sind, widerspricht so ziemlich allen naturwissenschaftlichen Erkenntnissen der letzten hundert Jahre. Daher lehnte die medizinische Fachwelt zunächst jede ernsthafte Beschäftigung mit Nahtodeserleben ab und erklärte sie mit Halluzinationen aufgrund der Sauerstoffunterversorgung des Gehirns beim Sterbeprozess. Und eine Sauerstoffunterversorgung des Gehirns liegt in der Tat in vielen Fällen des Sterbens vor, denn wenn der Kreislauf zusammenbricht, weil das Herz seine Tätigkeit einstellt, kann kein Sauerstoff mehr zu den Organen transportiert werden und der Körper erstickt.

Daher wurde zunächst die Erklärung von Nahtodeserlebnissen durch ein Sauerstoffdefizit bereitwillig akzeptiert. Doch es stellte sich bald heraus, dass eine solche Erklärung für die bunten Erlebnisse am Horizont des Lebens nicht haltbar ist. Durch Untersuchungen an klinisch toten und wieder belebten Menschen ließ sich nämlich zeigen, dass die typischen Nahtodeserlebnisse unabhängig von der Art der Erkrankung auftraten. Auch Patienten, deren Beinahe-Todesursache kein akutes Kreislaufversagen war, berichteten von bunten Bildern an der Schwelle des Todes. Gerade die moderne Medizin entzieht der Begründung von Nahtodeserlebnissen mit einer Sauerstoffunterversorgung des Gehirns den Boden, denn in der Intensivmedizin wird auf den Erhalt des Kreislaufs und eine ausreichende Versorgung des Gehirns mit Sauerstoff großer Wert gelegt. Die in der Medizin übliche Praxis der apparativen Unterstützung von Herztätigkeit und Atmung führt das Argument der Sauerstoffunterversorgung ad absurdum.

Ebenso erwiesen sich die Visionen auf dem Sterbebett als relativ unabhängig von anderen medizinischen Bedingungen, wie hohem Fieber oder Störungen der Gehirnfunktion. Die beiden Psychologen Dr. Osis und Dr. Haraldsson konnten anhand eigener Untersuchungen zeigen, dass gerade solche Patienten über die prächtigeren Nahtodeserlebnisse berichteten, die „keine Krankheiten des Gehirns, Nierenentzündungen oder halluzinogene Krankengeschichten hatten". (7, S.115) Patienten, die bei klarem Bewusstsein waren, sahen mehr Erscheinungen friedvollen Charakters als diejenigen mit getrübtem Bewusstsein. Insgesamt lässt sich zu der medizinischen Erklärung sagen, dass Erkrankungen, die mit Leiden und Schmerzen einhergehen, eher zu einer Reduzierung der Klarheit und Tiefe von Nahtodeserlebnissen führen.

Neben medizinischen Faktoren werden regelmäßig psychologische Ursachen für Nahtodeserlebnisse angeführt. So hört man nicht selten die Meinung, sterbende Menschen würden nur deshalb Frieden und

Glückseligkeit erleben, weil sie es aufgegeben hätten, um ihr Leben zu kämpfen.

Es waren wieder die beiden Psychologen Osis und Haraldsson, die nachweisen konnten, dass nicht die Gefühlslage der Patienten zu bestimmten Erlebnissen von Erscheinungen führte, sondern dass es umgekehrt die Erlebnisse des Sterbens waren, die eine bestimmte Gefühlslage hervorriefen. Auffällig war, dass vor allem diejenigen Patienten Gefühle tiefen Friedens erlebten, die in ihren Nahtodeserscheinungen von anderen Menschen weggeholt wurden. Außerdem zeigte sich auch hier wieder, dass die Erscheinungen dann besonders klar und intensiver waren, wenn bei den Patienten keine psychischen Auffälligkeiten oder Krankheiten vorlagen. (7, S.116f)

Ein anderer Erklärungsversuch für Nahtodeserlebnisse ist, sie auf schizoide Reaktionen, hervorgerufen durch den Stress des Sterbens, zurückzuführen. Denkbar wäre es ja, dass schwerkranke Patienten sich im Endstadium ihres Leidens Frieden und Erlösung herbeisehnen, so wie Verdurstende in der Wüste im Flimmern am Horizont die Wasserfläche eines Süßwassersees zu erkennen glauben.

Doch wenn Stress eine nennenswerte Rolle bei der Entstehung von Erlebnissen an der Schwelle des Todes spielen würde, dann müsste sich ein Zusammenhang zwischen der Schwere des Stresses und der Ausprägung der Nahtodeserlebnisse zeigen. So ein Zusammenhang existiert jedoch nicht. Weder Osis und Haraldsson noch Moody und auch nicht Kübler-Ross fanden statistische Hinweise darauf, dass negative Stimmungen wie Ärger, Angst, Trübsinn, Schwermut oder Verzweiflung am Tage vor der Nahtodeserfahrung zu klareren oder intensiveren Erlebnissen führten. Ebenso wenig gab es nachweisbare Wechselwirkungen zwischen der Gemütslage des Patienten und dem Inhalt seiner Erscheinungen.

Alle beschriebenen Erklärungsversuche für die bunten Erlebnisse an der Schwelle des Todes können nicht befriedigen. Möglicherweise führen Nah- und Nachtodeserlebnisse derart weit aus dem Alltag heraus, dass sie sich mit unseren gewohnten Denkmustern nicht mehr erfassen lassen. Möglich auch, dass wir mit dem Sterben in eine andere Welt übergehen, in der andere Gesetze als in unserem Alltag gelten. Wir dürfen nicht erwarten, dass wir mit unserem irdischen Alltagsdenken diese andere Welt verstehen können.

Zwischen dicken Lagen aus dunkelgrünem Moos, tief eingeschnitten im Waldboden, entdecken Sie schließlich das kleine Bächlein. Ein klares Rinnsal plätschert über Steine und knorrige Wurzeln, verschwindet hier und da zwischen Moosschichten, in denen Sie bis zu den Knöcheln einsinken, kommt wieder zum Vorschein und läuft weiter talwärts. Das Gelände wird zusehends steiler. An manchen Stellen bilden sich Tropfen im Moos, so dass Sie unwillkürlich an den nassen Bart eines durstigen Gauklers denken, der nach einem kräftigen Schluck klaren Wassers genussvoll innehält.

*Auch Sie spüren plötzlich ein intensives Durstge-
fühl. Behutsam legen Sie den Faustkeil in das weiche
Moos, tauchen Ihre Hände lustvoll in das klare Nass
und genießen für einige Augenblicke das erfrischende Gefühl reinen, kühlen Wassers. Dann formen Sie
Ihre Handflächen zu einer Schale, führen das klare
Wasser zu Ihrem Mund, trinken einen Schluck und
lassen den Rest über Ihr Gesicht rinnen. Tränen der
Freude mischen sich auf Ihren Wangen mit dem
Wasser aus dem Bach. Immer und immer wieder holen Sie mit Ihren Händen Wasser aus dem plätschernden Bächlein, trinken, benetzen Ihr Gesicht
und spüren, wie jeder einzelne Tropfen die Anspan-
nung, die bisher ihr ständiger Lebensbegleiter war,
aus Ihrem Gesicht und aus Ihrer Seele wäscht.*

*Dann setzen Sie sich auf die aus dem Boden ragen-
de, moosbewachsene Wurzel einer alten Eiche, lauschen dem Plätschern des Bächleins und den Stimmen der Vögel – und fühlen sich unendlich wohl.*

Die Erlebensphilosophie – eine elegante Erklärung für Nah- und Nachtodeserlebnisse

In diesem Kapitel machen wir einen kleinen Ausflug in die Philosophie. Wem der Stoff zu trocken ist, kann zum nächsten Kapitel weiterblättern.

Offensichtlich taugen die Theorien, mit denen wir unsere Alltagswelt beschreiben, nicht für die Erklärung von Nah- und Nachtodeserlebnissen. Der Tod aus der Sicht des sterbenden Menschen unterscheidet sich vom Tod aus der Sicht eines am Sterbebett anwesenden Beobachters. Der am Sterbebett anwesende Mitmensch beobachtet die körperlichen Abläufe des Sterbens und schließt daraus auf das Erleben des Sterbenden. Diese Art des Schlussfolgerns hat im Alltag durchaus seinen Sinn, denn im Alltag ähneln unsere eigenen Erfahrungen denen unserer Mitmenschen. Aufgrund ähnlicher Erfahrungen können wir uns denkend und fühlend in unsere Mitmenschen hineinversetzen. Doch bei dem Versuch, die ergreifenden, fremdartigen Erlebnisse am Horizont unseres Erdendaseins zu erklären, versagt diese Art des Schlussfolgerns, weil uns als Lebenden die Erfahrung des Sterbens fehlt. Dennoch wollen wir versuchen, die Erlebnisse sterbender Menschen ein Stück weit zu erklären. Doch wie lassen sich Erlebnisse erklären? Worauf kann man Erleben zurückführen?

Der philosophische Rahmen unserer Alltagstheorien ist der Materialismus. Beschreiben wir die Welt im Sinne des Materialismus, dann führen wir alle Erscheinungen auf Vorgänge innerhalb der Materie zurück. In der Tat sind alle Abläufe unseres Alltags materialistisch erklärbar. Alles was aus Molekülen, Atomen und Bestandteilen von Atomen besteht, lässt sich mathematisch, physikalisch, chemisch oder biologisch beschreiben. Auch der Körper des Menschen. Diese materialistische Erklärbarkeit der Welt hat als Alltagsmaterialismus Einzug in unser tägliches Leben gehalten.

Parallel zum Alltagsmaterialismus hat sich im Denken vieler Menschen ein Allerweltsdualismus erhalten. Dualistisch denkt und handelt, wer die Existenz von geistigem Sein wie Seele, Geist und Gott anerkennt, aber in seinem Alltag nach materialistischen Prinzipien handelt. Beide Weltanschauungen, also sowohl der Alltagsmaterialismus als auch der Allerweltsdualismus eignen sich jedoch nicht zur Erklärung von persönlichem Erleben.

Es waren die beiden Physiker Werner Heisenberg und Niels Bohr, die sich bereits in der ersten Hälfte des 20. Jahrhunderts Gedanken darüber machten, ob es aus wissenschaftlicher Sicht die Welt an sich geben kann. Angeregt wurden sie zu ihren Überlegungen durch den Effekt, den sie als Beobachter auf die Ergebnisse ihrer eigenen Experimente hatten. Schließlich kamen Heisenberg und Bohr zu der Überzeugung, dass von Menschen erlebbare Phänomene nicht einfach Naturereignisse seien, sondern eine der möglichen Ausdrucksweisen der Wissenschaft.

Bei seinen Diskussionen mit Einstein betonte Niels Bohr immer wieder, dass die Realität im Spannungsfeld zwischen eigener Existenz der beobachtbaren

Natur und der Festlegung ihrer Gesetze aufgrund der Beobachtung durch das Individuum Mensch verläuft. Heute wissen wir, dass Theorien immer der menschlichen Vorstellungskraft entspringen und in sich die Ordnung des Wissensvorrates des Menschen tragen, von dem sie stammen.

Da es Sterbeerlebnisse wirklich gibt, müssen wir nach einem Denkansatz suchen, mit dem sich beides, Leben und Sterben, zuverlässig beschreiben lässt. Doch wie lassen sich sowohl Alltagsleben als auch Nahtodeserlebnisse aus ein und derselben philosophischen Position heraus erklären? Materialismus und Dualismus sind dafür ungeeignet. Es gibt jedoch einen philosophischen Ansatz, der sowohl die Alltagswelt als auch die private Welt des sterbenden Individuums erklären kann. Wir finden diesen Ansatz in der Philosophie des persönlichen Erlebens, der <Wesenszentralen Perspektive>. Persönliches Erleben verbindet alle Seinsbereiche des Individuums. Der Mensch erlebt nicht nur in seinem Alltag, sondern auch in seinen Phantasien, Träumen, Ängsten, Hoffnungen – und er erlebt natürlich auch in seinem Sterben. Was er nicht erlebt, das existiert für ihn nicht. Auf diese Tatsache kann nicht eindringlich genug hingewiesen werden:

„Individuelles Erleben ist der einzige seriöse Zugang des Menschen zu seiner Welt. Denn was einem Individuum in keinster Weise bekannt ist, was also weder gesehen, gehört, gespürt, gerochen oder geschmeckt werden kann, von dem niemand erzählt und das in keinen Büchern steht, und auch in den Träumen, Sehnsüchten, Wünschen und den Schlussfolgerungen des Individuums nicht vorkommt, ist für die betreffende Person ganz einfach nicht existent! Persönliches Erleben ist für das erlebende Individuum immer die erlebte Realität. Dinge aus Materie müssen erst einmal den Prozess des Erlebens durchlaufen, bevor sie einem Individuum überhaupt von ihrer Existenz her bekannt sein können." (8)

Wir erleben tagein tagaus. Unser ganzer Alltag und all unsere Gedanken, Träume, Sehnsüchte und Nahtoderfahrungen sind eine Aneinaderreihung von Erlebnissen. Sobald wir Materie als Materie erkennen, und noch lange, bevor wir ihre Gesetze erforschen, müssen wir eine Reihe von Erlebnissen durchlaufen. Wir müssen sehen, hören, tasten, riechen und schmecken. All das sind Erlebnisse! Und wir müssen über das Gesehene, Gehörte, Ertastete, Gerochene und Geschmeckte nachdenken. Auch das sind Erlebnisse, nämlich Denkerlebnisse! Jeder Mensch erfährt seine Welt nur über Erlebnisse.

Wenn wir von Erlebnissen sprechen, haben wir es immer mit zwei Blickwinkeln zu tun:
1 Der Perspektive des Zuschauers. Das ist die Sicht von außen. Diese Perspektive ist allen Menschen zugänglich. Aus der Perspektive des Zuschauers lassen sich Erlebnisse als Gehirnerregungsmuster beschreiben.
2 Der je-eigenen Perspektive des erlebenden Individuums. Das ist die Sicht von innen.

Diese Perspektive ist jeweils nur dieser einen Person zugänglich. Es gibt so viele je-eigene Perspektiven, wie es erlebende Individuen gibt.

Nah- und Nahtodeserlebnisse können nur von der sie erlebenden Person erfahren werden. Sie sind daher in ihrer Ursprünglichkeit nur im Rahmen der je-eigenen Perspektive des Sterbenden erfassbar und beschreibbar. Erst wenn die sterbende Person erfolgreich wieder belebt werden konnte und über ihre Erlebnisse berichtet, werden sie durch das gesprochene und geschriebene Wort aus der Perspektive des erlebenden Individuums in die Perspektive des Zuschauers übertragen. Das geht nur in Form einer Sprache. Da der Zwecke einer Sprache die Verständigung ist, muss sie öffentlich sein. Das heißt, sie muss den Sachverhalt so darstellen, dass er von möglichst vielen Menschen erfassbar ist. Durch so eine Versprachlichung werden Nahtodeserlebnisse versachlicht und sind alltagsmaterialistischer Kritik schutzlos ausgesetzt.

Endgültige Aussagen über Abläufe in der persönlichen Erlebenswelt des Sterbenden und Gestorbenen sind aus diesen Gründen nicht möglich, außer man würde den kapitalen logischen Fehlschluss begehen, und das Erleben der beim Sterbeprozess anwesenden Mitindividuen (Zuschauer-Erlebnis) zum Ausgangspunkt von Aussagen über das Erleben des Verstorbenen machen.

Erleben ist immer an eine erlebende Person gekoppelt. Hier offenbart sich der wichtigste Unterschied zum Ansatzpunkt des Materialismus. Materialistisch

Beschreibbares, etwa einen Stein, gibt es unabhängig von Personen. Das Erleben des Steines dagegen setzt immer eine erlebende Person voraus.

Erlebnisse an sich sind immer real. Es gibt keine nicht-realen Erlebnisse. Erst in der Kommunikation mit anderen Menschen wird dem Inhalt des Erlebens die Wertung <real> oder <nicht real> zugeordnet. Das gilt um so mehr für derart private und der Alltagswelt entzogene Erlebnisse wie Nahtodeserfahrungen. Die Erfahrung des Sterbens ist von so nicht-öffentlicher Natur, dass sie anderen Menschen in ihrem ganzen Bedeutungs- und Detailreichtum nicht zugänglich ist und daher auch nicht materialistisch gedeutet werden sollte.

Kein Nahtodeserlebnis kann von Personen miterlebt werden, die dem Sterben lediglich beiwohnen, beispielsweise indem sie der sterbenden Person die Hand halten. Die sterbenden Person scheint an einer Schwelle zu einem Erfahrungsbereich zu stehen, der nur ihr zukommt. Schwelle steht für den Übergang aus unserer Alltagswelt, in der wir einen Teil unseres Erlebens mit anderen Individuen gemeinsam haben, in die einzigartige, private Welt der Person, die in allen ihren Elementen nur von diesem einen Individuum erfahren werden kann. Es ist der Übergang aus einer Welt, in der echte Kommunikation zwischen verschiedenen Personen möglich ist in eine Welt, in der die Kommunikation nur noch zwischen den unterschiedlichen Anteilen ein und derselben Person abläuft.

Der Ausdruck <Schwelle> bezieht sich daher auf den Verlust der Möglichkeit des Sterbenden, sich anderen Menschen mitzuteilen. Der Sterbende wird auf seine eigene in sich geschlossene Erlebenswelt zurückgeworfen. Daher lässt sich weder aus materialistischer Sicht noch aus einer anderen philosophischen Position nachvollziehen, weshalb bei dem Übergang über diese Schwelle das Erleben des Sterbenden plötzlich enden sollte. Es gibt gute Gründe, die für eine absolute Unabhängigkeit des persönlichen Erlebens von den Deutungen dieses Erlebens durch andere Menschen sprechen.

In unserem Buch wollen wir uns dem Todeserlebnis aus der philosophischen Position der Erlebensperspektive nähern. Das heißt, wir gehen von der Wirklichkeit stiftenden Rolle des persönlichen Erlebens aus. Wir gehen von der Gewissheit aus, dass jedes Erlebnis ein für das erlebende Individuum reales Erlebnis ist. In diesem Sinne gibt es keine nicht-realen Erlebnisse. Selbst das Erleben eines Nichtrealen, beispielsweise eines Gespenstes im Rahmen eines Zeichentrickfilms oder das Fehlverstehen eines Wortes während eines Gesprächs, ist ein reales Erleben. Erst eine nachträgliche Deutung des Erlebten (beispielsweise: „Ach, das Gespenst, das ich gesehen habe, war nur eine Zeichentrickfigur". Oder: „Vorhin habe ich ein Wort fehl verstanden.") weist dem Inhalt des Erlebens nachträglich die Prädikate „richtig" oder „falsch" zu. Dieser Akt des Zuweisens ist übrigens auch wieder ein Erleben.

Während sich der Inhalt eines Erlebnisses, also sein Thema, bei einem Vergleich mit anderen Erlebnissen als unvereinbar, falsch, unwahr, unrichtig herausstellen kann, müssen wir jedes Erleben an sich als real anerkennen.

Genauso wollen wir mit den Erlebnissen klinisch toter und wieder belebter Menschen verfahren: Wir wollen davon ausgehen, dass sie für die erlebende Person zur Zeit ihres Erlebens den gleichen Realitätsgrad haben wie Erlebnisse aus der Alltagswelt in der Blüte ihres Lebens. Mit anderen Worten: Erlebnisse während des Sterbens sind für die sterbende Person nicht nur reale Erlebnisse. Sie stellen darüber hinaus Ihre einzige gültige Wirklichkeit dar. Das heißt, für den sterbenden Menschen sind all seine Erlebnisse genau so real wie für uns Lebende der Lebensalltag. Alles andere, jeder Versuch diese Erlebnisse zu deuten, verfälscht sie. Nachträgliche Erklärungsversuche durch andere Personen spielen für das Erleben des Sterbenden nicht die geringste Rolle. Für den Sterbenden sind seine Erlebnisse real, ganz gleich, als was sie sich im Licht des Alltags darstellen.

Was erleben Menschen, wenn sie sterben? Obwohl einige Sterbende in einen Dämmerungszustand absoluter Bewusstlosigkeit gleiten, gibt es doch viele, die bis zu dem Punkt, an dem sie gerade noch ins Leben geholt werden können, bei klarem Bewusstsein bleiben. Diese Menschen berichten über faszinierende Landschaften von übernatürlicher Schönheit, die sich durch ein intensives Licht, klare Farben und harmonische Formen auszeichnen. Sie berichten von Gefühlen absoluter Ruhe und Zufriedenheit, von Glücklichsein und dem Fehlen von Leid. Häufig begegnen sie Freunden und Verwandten, die bereits vor längerer Zeit verstarben, oder werden von himmlischen Wesen in Empfang genommen und durch grandiose Welten geführt.

Sterben ist also verbunden mit einer Reihe von Erlebnissen, die zwar für den Sterbenden real sind, die sich aber nicht mehr in der Welt seiner ehemaligen Mitindividuen abspielen. Dabei ist für den sterbenden Menschen der Realitätsgrad seiner Erlebnisse nicht der blasser Träume, sondern entspricht bunten, klaren Wacherlebnissen. Zudem kann der Sterbende sein Erleben in einen zeitlichen Zusammenhang bringen und in ihm einen Sinn und ein Ziel erkennen. Beispielsweise erlebt er in seinem Jenseits freundliche Wesen, die ihm den Weg zeigen oder ein faszinierendes Ziel beschreiben. Er weiß, warum er dies oder jenes tut, kann also Ursachen erkennen und Handlungen durchführen. Vor allem aber weiß der sterbende Mensch, dass er immer noch existiert.

Der äußere Beobachter, also der Angehörige am Bett des Sterbenden, der Priester oder der Arzt, erkennt dagegen immer nur die körperlichen Abläufe des Sterbens. Selbst wenn er die Herztätigkeit oder die Gehirnströme misst, hat er immer nur körperliche Entwicklungen des Sterbens vor Augen. Er beobachtet, wie das Herz des Sterbenden zu schlagen aufhört, er sieht, wie der Atem versiegt, er stellt fest, dass die Reaktionen auf Reize zum Erliegen kommen und dass der Körper kalt wird. Das Erleben des sterbenden Menschen bleibt ihm jedoch unzugänglich.

Wie wir oben sahen, ist Erleben, trotz körperlicher Zusammenhänge, nicht mit Körperfunktionen identisch. Das heißt, wenn die körperlichen Funktionen des Sterbenden nachlassen, ja selbst wenn sie bereits erloschen sind, kann daraus nichts über das Erleben der sterbenden oder gestorbenen Person ausgesagt werden. Das Erlebnis eines am Sterbebett anwesenden Beobachters (Angehörigen, Arztes, Pfarrers) mit dem Inhalt „jetzt ist er oder sie gestorben" ist immer ein Erlebnis des Beobachters - und kein Erlebnis der sterbenden oder gestorbenen Person! Könnte der Beobachter den leblosen Körper über den Tod hinaus überwachen, dann würde er Zeuge eines fortschreitenden Zerfalls werden, der bis zur vollkommenen Zersetzung des toten Körpers weiterliefe. Mit den Erlebnissen der sterbenden und gestorbenen Person hat aber auch das nichts zu tun!

Mit den Inhalten der Todeserlebnisse der sterbenden und gestorbenen Person haben die Erlebnisse des Beobachters nichts gemein. Die Nahtodeserlebnisse der sterbenden Person sind einzig und allein dieser Person zugänglich. Wir können sie nur im nachhinein erfahren, wenn uns ein Mensch, der bereits im Sterben lag und durch intensivmedizinische Maßnahmen gerettet werden konnte, davon erzählt. Solange das nicht geschieht, sollten wir jede Deutung des Sterbeerlebens anhand beobachtbarer körperlicher Symptome unterlassen. Insbesondere die Aussage „Die Person XY ist gestorben. Deshalb erlebt sie jetzt nichts mehr", entbehrt jeglicher Logik. Über das Erleben einer Person, so wie es sich ihr darstellt, kann aus äußerer Sicht nichts ausgesagt werden!

Für mich erlebt der sterbende und auch der verstorbene Mensch selbstverständlich - in seiner eigenen Erlebenswelt unter einem völlig anderen Zeitbegriff. Denn die Welt jedes Menschen ist nichts weiter als sein ureigenes Erleben.

Der Abstieg ins Tal der Donau gestaltet sich zunächst schwieriger als erwartet. Doch Ihre ausgetretenen, flachen Lederschuhe entpuppten sich bei näherem Hinsehen als feste, wasserdichte Wanderschuhe. Dabei hätten Sie schwören können, dass Sie sich zwar schon seit einiger Zeit neue Schuhe kaufen wollten, es aber bisher noch nicht übers Herz brachten, die alten wegzuwerfen. Wie auch immer – seit der Bestandsaufnahme Ihres Schuhwerks geht und klettert es sich leichter talwärts, am Bach entlang, von Stein zu Stein, von Moosinsel zu Moosinsel und von morschem Stamm zu morschem Stamm.

Immer wieder halten Sie inne, um diese himmlische, angenehme Situation auf sich wirken zu lassen. Und jedes Mal haben Sie das Gefühl, als würde Ihre schöne, neue Welt alles tun, um Ihnen zu gefallen. Ein Specht in den Baumkronen hoch über Ihnen morst sein lautes Tack-tack-tack weit in den Wald hinein. Sie drehen Ihren Kopf in die Richtung des Klopfgeräusches, erkennen einige zu Boden fallende Holzspäne und Rindenstücke und erblicken, wie bestellt, den rot-grünen Körper des Vogels neben einer Astgabel.

Langsam haben Sie den beunruhigenden Verdacht, dass diese schöne, neue Welt durch Ihre Stimmungen, durch Ihr Denken und Wünschen, manipulierbar ist. Sie haben das Gefühl, sehen zu können, woran Sie Gefallen finden und hören zu können, was Ihr Herz erfreut. Die Wassertropfen am Moos des Bachlaufes schillern so intensiv, als wären sie lebendig. Und wenn Sie es wollen, dann hören Sie weit entfernt singende Vögel klar und deutlich, so als ob sie im Baum über Ihnen säßen.

Doch was geschieht, wenn Sie sich an dem Schönen satt gesehen haben? Was passiert, wenn Sie das Falsche denken? Schnell verdrängen Sie diese Fragen wieder. Und obwohl Sie sich bemühen, die sorgenfreie Anfangsstimmung Ihres milden, friedlichen Sommermorgens am Kahlenberg wieder aufleben zu lassen, weicht langsam Ihre ursprüngliche Euphorie einer besorgten Nachdenklichkeit.

Behutsam setzen Sie Ihren Weg ins Tal der Donau fort.

Was luzide Träume mit dem Tod zu tun haben

Niemand kann auf Probe sterben und mit jenseitigem Wissen ins Diesseits zurückkehren. Der Tod ist immer endgültig! Doch um Nahtodeserlebnisse zu simulieren, müssen Sie dem Tod nicht nahe sein. Es gibt eine Reihe von Erfahrungen, die den geschilderten Nahtodeserlebnissen sehr ähnlich sind. So kann beispielsweise die Reizung des Temporallappens des Gehirns an der sylvischen Fissur zu dem typischen Nahtoderlebnis führen, verbunden mit dem Gefühl, den eigenen Körper zu verlassen und in einen Tunnel hineingezogen zu werden.

Viele Nahtoderlebnisse haben eine erstaunliche Ähnlichkeit zu Erfahrungen unter der Einnahme von Drogen. LSD-Konsumenten berichten von dem Gefühl <neben sich zu stehen>, von optischen und akustischen Halluzinationen, wobei die realen Gegenstände in intensiv leuchtenden Farben und einer erhöhten Plastizität erscheinen. LSD-Konsumenten glauben Töne sehen und Farben hören zu können.

In seltenen Fällen machen wir auch in unserem Alltag spontane Erfahrungen des Außer-Sich-Seins, etwa wenn wir sehr müde sind, mit einem außergewöhnlich traumatisierenden Erlebnis konfrontiert werden oder plötzlich einen extremen Schrecken erleben.

Ein interessantes Erlebnis des Außer-Sich-Seins berichtete mir ein befreundeter Arzt. Der Mediziner hatte an einem Ärztekongress teilgenommen und befand sich gerade auf seinem Heimflug von Frankfurt nach Nürnberg. Seit zwei Tagen war er zu keinem Schlaf gekommen. Kurz vor der Landung in Nürnberg schlief er auf seinem Flugzeugsitz ein:

„Ich spürte das Schaukeln des Flugzeuges, und auf einmal hatte ich das Gefühl, dass wir abstürzen, ja vielleicht sogar schon abgestürzt waren. Ich erschrak und fühlte mich plötzlich hellwach. Da erlebte ich, wie ich mich außerhalb des Flugzeugs befand. Ich hing am äußersten Ende der rechten Tragfläche, sah in klaren Farben, wie der Regen gegen das Flugzeug peitschte und erkannte durch das Bordfenster meinen Körper. Als ich sah, wie sich einzelne Passagiere erhoben, war mir klar, dass wir sicher gelandet waren und es zog mich in meinen Körper zurück."

Auch in unseren Träumen machen wir zuweilen Erfahrungen, die den geschilderten Nahtoderlebnissen sehr nahe kommen. Manchmal sind unsere Träume ähnlich klar und übernatürlich deutlich, wie es typisch ist für Erlebnisse klinisch toter und wieder belebter Menschen. Solche Träume bezeichnet man als luzid.

Luzide Träume sind außergewöhnlich schöne Erfahrungen. Sie unterscheiden sich von Schlafträumen durch das klare Bewusstsein, mit dem sie erlebt werden. Ohne aufzuwachen, können Sie in ihnen eine Deutlichkeit und Brillanz der Sinne empfinden, wie sie sonst nur Erlebnissen des Alltags zukommen. Obwohl Sie tief und fest schlafen, haben Sie das Gefühl, hellwach zu sein. Jede Einzelheit Ihres Traumes erscheint Ihnen absolut real. Sie sind nicht nur imstande, bewusst der Handlung Ihres Traumes zu fol-

gen, Sie können darüber hinaus aktiv in das Traumgeschehen eingreifen. Zugleich ist Ihnen bewusst,
dass Sie schlafen. Sie wissen dass die bunte Welt, in
der Sie Ihren Traum erleben und Traumhandlungen
durchführen, nicht Ihre Alltagswelt ist.

Im Unterschied zu einem Schlafträumer kann sich
ein luzider Träumer sehr gut an seine Traumerlebnis-
se erinnern. Während im Schlaftraum die Welt der
träumenden Person in zwei Teile zerfällt, in die der
Alltagswelt und in die des Traumes, ist der luzide
Träumer in der Lage sowohl während des Traumes
an seine Alltagswelt zu denken, als auch während
seines Alltagslebens sich klar an seine luzide
Traumwelt zu erinnern. Mit anderen Worten, ein
Träumer ist dann luzid, wenn ihm klar wird, dass er
träumt und er dennoch nicht aufwacht.

Die in Nahtodeserlebnissen beschriebenen Sinneseindrücke, Gefühle und Handlungen gleichen denen
aus luziden Träumen in Klarheit, Bewusstheit und
Intensität wie ein Ei dem anderen. So sind die optischen Eindrücke in luziden Träumen genauso bunt
und deutlich wie bei Nahtodeserlebnissen. Sowohl in
der Welt luzider Träume als auch in der Nahtodeswelt ist die erlebende Person der zentrale Punkt des
Geschehens. Sie ist sich ihrer Erlebnisse bewusst,
verfügt über ihre gewohnte Palette an Gefühlen und
besitzt meist ihr vollständiges Maß an Aktivität.

Luzide Träume kann man daher als <Reisen ins
Jenseits mit Rückkehrgarantie> bezeichnen. Sie sind
das ideale Übungsfeld für Nah- und Nachtodeserfahrungen. Mit dem Erlernen des luziden Träumens öff-

nen Sie sich ein Fenster in die phantastische Welt Ihres Jenseits und Sie erlangen die Möglichkeit, vom sicheren Boden Ihres Alltags aus gefahrlos die Welt Ihrer Träume, Alpträume, Wünsche und Ängste zu besuchen und dabei zu lernen, mit möglichen Nahtodeserlebnissen schon während Ihres Erdenlebens umzugehen.

Luzide Träume und Nahtodeserlebnisse unterscheiden sich jedoch voneinander in Bezug auf ihren Beginn. Während sich Nahtodeserlebnisse gewöhnlich mit dem Aussetzen lebenswichtiger Körperfunktionen von selbst einstellen, können Sie luzide Träume bewusst planen, üben und willentlich hervorrufen. Sobald Sie Übung im bewussten Aufbau luzider Träumen haben, werden Sie an ihnen Gefallen finden wie an einem guten Buch.

Für das Erlernen luziden Träumens sprechen aber auch noch eine Reihe weiterer Gründe. Der bewusste Zugang in die Welt Ihrer Klarträume eröffnet Ihnen eine ganze Palette faszinierender Erfahrungen. In einem luziden Traum können Sie alles erleben, was Ihnen in den Sinn kommt: Orte Ihrer Vergangenheit aufsuchen, sich in inniger Zärtlichkeit mit einem geliebten Menschen vereinen, sich an einem sonnigen Südseestrand unter hohen Palmen bei Meeresrauschen entspannen. Sie können in märchenhafte Welten reisen und phantastische Abenteuer erleben. Mit luziden Träumen erfüllen Sie sich all die Wünsche, die in Ihrer Alltagswelt unerfüllbar wären. In Form eines <Urlaubs mit der Seele> nehmen Sie Teil am letzten Bankett auf der Titanic, reisen zu fremden

Planeten oder spazieren über den Strand einer Südseeinsel, während Ihr Körper scheinbar schlafend zu Hause in seinem Bett liegt.

Luzide Träume eignen sich wegen ihrer wirklichkeitsnahen Klarheit auch sehr gut für Probehandeln im Alltag. Sie kommen der Realität viel näher als bloßes Nachdenken. Testen Sie in luziden Träumen, wie gut Sie sich auf das Gespräch mit Ihren Kunden vorbereitet haben, lernen Sie eine komplizierte Schrittfolge beim Tanzen oder ändern längst eingefahrene Gewohnheiten. Nutzen Sie den hohen Realitätsgrad luzider Träume für Ihre Lebensplanung.

Darüber hinaus geben luzide Träume Kraft und Motivation für die Verwirklichung Ihrer Lebensziele. Testen Sie im Rahmen eines luziden Traums, wie es sich anfühlt, auf dem Chefsessel zu sitzen, machen Sie einen Spaziergang durch Ihr Traumhaus oder genießen das Gefühl der bestandenen Prüfung. Das Erleben eines erreichten Ziels im Rahmen eines luziden Traums bringt Kraft und Durchhaltevermögen, und hilft Ihnen, eben dieses Ziel im realen Leben zu erreichen.

Schließlich sind luzide Träume auch ein ideales Mittel zur Entspannung. Je nach dem Thema einer luziden Phantasiehandlung können Sie sich auf Südseewellen schaukeln lassen, sich für einige Zeit in einer Höhle im Wald ausruhen oder in die vollkommene Stille der Gedankenleere zurückziehen.

Luzides Träumen macht nicht süchtig. Die Gefahr der Weltverneinung und des Weltvergessens ist ähnlich unbedeutend wie beim Schmökern eines spannenden Romans oder der Versenkung in die Handlung eines mitreißenden Kinofilms.

Während jede dieser interessanten Anwendungen luziden Träumens faszinierende Erfahrungsmöglichkeiten bietet, sehe ich seine wichtigste Rolle in der Vorbereitung auf die Welt der Nah- und Nachtodeserlebnisse. Denn unabhängig von allen Annahmen und Hypothesen über ein Leben nach dem Tod, und jenseits aller religiösen und esoterischen Meinungen, könnte es durchaus sein, dass hinter dem Nah- und Nachtodeszustand der Zugang zu einem neuen Leben liegt. Wie hoch die Wahrscheinlichkeit dafür ist, kann niemand sagen. Aber für den Fall, dass Nahtodeserlebnisse tatsächlich mehr sind als nur ein Verlöschen des alten Lebens, würde die Fähigkeit, unser persönliches Jenseits zu besuchen und die Weichen für ein glückliches und erfüllendes Schicksal zu stellen, einen unvorstellbaren Gewinn bedeuten. Gerade diese Chance gibt dem Erlernen luziden Träumens seinen vornehmsten Sinn.

Nach mehreren Stunden des Abstiegs wird das Gelände zusehends flacher. Viele klare Tümpel, über denen kleine stahlblaue Libellen tanzen, eine große Anzahl bunter Schmetterlinge und die an Baumstämmen wuchernden Kletterpflanzen geben diesem Teil des Waldes ein beinahe tropisches Aussehen. Längst haben die blubbernden und jammernden Stimmen der Frösche den Vogelgesang abgelöst. Der

Tag neigt sich seinem Ende zu. Es wird Zeit einen geeigneten Platz für ein Nachtlager zu finden. Sie sehen sich um und Ihr Blick fällt auf eine mächtige, alte Eiche, deren zerklüfteter Stamm, so dick wie ein Leuchtturm, rundherum in ein Kleid aus Kletterpflanzen gehüllt ist. Oben, in Höhe der Krone, teilt sich der mächtige Baum in fünf mannsdicke Äste, die in ihrer Mitte ein luftiges, mit Farnen ausgepolstertes Nest bilden.

Doch halt! Woher wissen Sie das?

Mit der linken Hand fahren Sie sich fragend am Nacken entlang. Dann stecken Sie den Faustkeil in Ihre rechte Hosentasche, ziehen prüfend an einer der Kletterpflanzen, die wie Taue neben dem Stamm der Eiche von oben herabhängen, und beginnen langsam durch das Gewirr aus Blättern und Ästen nach oben zu klettern

Hoch über dem Boden, tief im Blätterdach des Baumes erreichen Sie jene Stelle, an der sich die Krone der Eiche in ihre fünf Hauptäste teilt, jeder so dick, dass Sie ihn mit Ihren Armen nicht umfangen könnten. Sie machen es sich gemütlich in der luftigen Mulde aus Ästen, Blättern und Baumfarnen. Sie fühlen sich behütet. Wie ein riesiges Vogelnest trägt Sie der Baum, sanft im Wind schaukelnd, durch den lieblichen Sommerabend. Ein Stückchen über Ihrem Kopf leuchten die Eichenblätter im goldenen Licht der untergehenden Sonne.

Sie holen den Faustkeil aus der Hosentasche und betrachten seine in Pastelltönen schillernde Schneide.

„Warum eigentlich habe ich noch keinen Schnitt in meiner Hosentasche?" fragen Sie sich, legen den Stein auf das Gewirr aus Moos und Schlingpflanzen, stecken prüfend Ihre rechte Hand in die Tasche, aus der Sie eben den Faustkeil geholt haben, und entdecken tatsächlich ein handtellergroßes Loch. Erstaunt betasten Sie durch das Loch in der Hosentasche Ihr nacktes Bein. „Ein Wunder dass der Faustkeil da nicht hindurch gefallen ist!" Im selben Augenblick bemerken Sie, dass der Faustkeil zwischen Moos und Schlingpflanzen zu versinken beginnt.

„Nein, er ist nicht durchgefallen", murmeln Sie trotzig. „Da ist mein Faustkeil!". Schnell greifen Sie in das grüne Blättergewirr und halten den Stein triumphierend in Ihrer Hand.

Immer bewusster wird Ihnen der Einfluss Ihrer Gedanken auf die Welt, in der Sie sich befinden. Während es im Wald langsam dunkel wird, kuscheln Sie sich tief in Ihr Lager aus Ästen, Blättern und Baumfarnen.

2 Luzide Träume – das Jenseits mit Rückkehrgarantie

Lernen Sie luzid zu träumen!

Da luzide Träume Nahtodeserlebnissen in vielen Einzelheiten gleichen, ist es sinnvoll, sich mit dem Erlernen luziden Träumens auf die Erfahrungen an und hinter der Schwelle des Todes vorzubereiten. Der Eintritt in die schillernde Welt luzider Träume ist frei für jedermann. Auch Sie können sich die Fähigkeit luzid zu träumen aneignen, so wie Sie lernen ein Musikinstrument zu spielen, wie Sie sich eine Sprache beibringen oder eine Bewegungsfolge im Sport einüben. Der Vorteil einer solchen gezielten Vorbereitung auf das Sterbeerlebnis und auf möglicherweise darauf folgende weitere Lebenswelten eröffnet Ihnen bislang ungeahnte Chancen Ihr Schicksal selber in die Hand zu nehmen.

Luzid zu träumen kann man lernen. Die gängige Methode ist, sich während des Traumschlafes des Träumens bewusst zu werden. Vor allem in den USA, aber auch in Deutschland, wird sie von verschiedenen Yogaschulen im Rahmen von Seminaren angeboten. Der Eintritt in Welt luzider Träume aus dem normalen Nachtschlaf heraus hat jedoch seine Tücken, wenn es darum geht, im Traum bewusst zu urteilen und handeln. Zwar haben erfahrene luzide

Träumer keine Schwierigkeiten, während eines normalen Schlaftraums luzide zu werden. Für geplante, bewusste Reisen ins persönliche Paradies eignet sich ein Einstieg in luzide Träume aus dem Wachbewusstsein heraus am besten.

Es gibt Kulturen, die das Klarträumen im Rahmen ihres Glaubens ausüben. So haben im Tibetischen Buddhismus luzide Träume den Zweck, die im Wachzustand normalerweise unzugängliche Bereiche der menschlichen Seele auszuloten (11). Auch die Ureinwohner Australiens praktizieren eine Art systematischer Traumarbeit. Sie bezeichnen ihre luziden Träume als <Traumzeit>, und heben diese Phase ihres Lebens mit allerhand Ritualen deutlich aus dem normalen Alltag heraus. Die australischen Aborigines erleben in ihren Klarträumen nichtmenschliche, spirituelle Ahnenwesen in Gestalt von Tieren, Bäumen oder Felsformationen, mit denen sie träumend Kontakt aufnehmen.

Der interessanteste Fall einer Einbeziehung luzider Träume in das Alltagsleben wird uns von der amerikanischen Schlafforscherin Patricia Garfield beschrieben. Die Kultur der Senoi in Malaysia widmet der Traumarbeit ungewöhnlich viel Aufmerksamkeit. In ihrem Buch <Kreativ träumen> stellt Garfield eine Reihe von Traumtechniken vor, mit denen sich die Senoi im Traum Aufgaben stellen, diese lösen und das Ergebnis dieser Erfahrung schließlich in ihren Tagesablauf eingliedern (12).

Sie liegen auf Ihrem Lager aus Baumfarnen, Ästen und Kletterpflanzen hoch oben in der Krone der mächtigen Eiche und lauschen den Geräuschen der Sommernacht. Frösche im Chor, da ein Uhu - und was war das? Kaum vernehmbar erklingt der langgezogene, sirenenartige Ton eines vorbei fliegenden Moskitos. Das Geräusch wird stärker, sobald Sie sich darauf konzentrieren, und es verschwindet, wenn Sie es bewusst aus Ihrem Empfinden verbannen.

Vorsichtig, beinahe schüchtern, versuchen Sie das Moskitogeräusch ganz nah an Ihrem Ohr zu erzeugen. Es klappt! Sie verlieren die Scheu vor dieser sonderbaren Welt. Sie lassen Moskitos in allen Tonlagen an Ihren Ohren vorbeifliegen, erschaffen Wolfsgeheul und Blätterrauschen.

Müde von den vielen ungewohnten Erlebnissen des zu Ende gehenden Tages kuscheln Sie sich tiefer in Ihr Lager aus Ästen, Blättern und Moos. „Jetzt nur nicht übermütig werden", denken Sie sich. „Wer weiß, was oder wer sonst noch alles aus meinen Gedanken hervortritt"!

Optimale Bedingungen zum Erlernen des luziden Träumens schaffen

Zwar erfahren die meisten Menschen in ihrem Leben den einen oder anderen spontanen luziden Traum. Einige wenige Menschen träumen auch regelmäßig während ihres Nachtschlafes luzid. Doch wir wollen das luzide Träumen nicht im Rahmen von Schlafträumen erlernen, sondern aus dem klaren Wachbewusstsein heraus. Diese Methode führt je nach Übungsdauer über eine tagtraumähnliche Phase zu relativ stabilen luziden Träume, in denen Sie nach Belieben handeln können. Allerdings ist die eigentliche Luzidität mit dieser Methode schwerer zu erreichen als mit den Schlaftraummethoden.

Das Öffnen der Tür zu den schillernden Klartraumwelten mit ihren wundervollen Landschaften, lieblichen Wesen und faszinierenden Abenteuern erfordert viel Training in einer störungsfreien Atmosphäre. Sie müssen sich auf Ihre Phantasien konzentrieren können. Jede äußere Störung erschwert die zur Erlangung des luziden Zustandes notwendige Gelöstheit. Daher sollten Sie sich absolut sicher fühlen, wenn Sie beginnen, die Tore in die Welt der Klarträume aufzusperren. Sie müssen wissen, dass Ihrem Erdenkörper keinerlei Gefahr droht. Erleichtern Sie sich die Reise in die Welt hinter dem Horizont des Sterbens durch die Wahl geeigneter Orte und günstiger Zeiten.

Geeignete Orte

Eine wichtige Voraussetzung für das erfolgreiche Erlernen luziden Träumens ist ein Ort, an dem Sie sicher vor Störungen sind. Schließlich lassen Sie hier für eine gewisse Zeit Ihren Erdenkörper zurück. Den besten <Parkplatz> für Ihren Körper aus Fleisch und Blut finden Sie zweifelsohne in Ihrer Wohnung. Auch ein eigenes Meditationszimmer ist ein guter Platz für luzide Nahtodesübungen. Ganz gleich wo Sie üben: Halten Sie die Wahrscheinlichkeit für Störungen während Ihrer Übungen so klein wie möglich. Zeigen Sie Ihrer Umwelt, dass Sie nicht gestört werden wollen. Hängen Sie ein Schild mit der Aufschrift <Bitte nicht stören> an Ihre Wohnungstür, stellen Sie Ihre Glocke ab, besprechen Sie Ihren Anrufbeantworter neu. Sagen Sie Ihren Familienmitgliedern oder anderen Mitbewohnern, dass Sie schlafen möchten oder dass Sie sich für eine Stunde hingelegt haben. Sperren Sie Ihre Tür ab.

An Ihrem Ort für Klartraumübungen sollte eine Gelegenheit zum Hinlegen vorhanden sein, denn die Tür in die bunten Landschaften Ihres Paradieses lässt sich am leichtesten öffnen, wenn Ihr Erdenkörper entspannt auf dem Rücken liegt. Stellen Sie eine Liege auf, wenn Sie Ihre Übungen im Schreibzimmer oder Ihrem Hobbyraum durchführen. Wenn Ihnen kein geeignetes Zimmer zur Verfügung steht, weichen Sie auf Ihr eigenes Schlafzimmer aus. Erklären Sie Ihr Bett zur Startrampe ins Reich luzider Träume.

Günstige Zeiten

Auch die Tageszeiten an denen Sie üben, sollten Störungen möglichst ausschließen. Am leichtesten lässt sich Luzidität nach dem Erwachen aus einem längeren, erholsamen Schlaf erlangen. Wenn Sie noch die Ruhe der Nacht in sich spüren aber dennoch der Schlafdrang nicht mehr allzu groß ist, lässt sich das Tor ins luzide Paradies leichter öffnen als während des Tages, wenn der Arbeitsalltag ruft, oder am Abend, wenn Sie bereits müde sind. Leider steht nur den wenigsten Menschen früh am Morgen der Sinn für Klartraumübungen. Wenn der anstrengende Berufsalltag kurz bevorsteht, fällt die Konzentration auf Jenseitsfragen schwer. Aus Gründen der Tagesplanung bieten sich dann doch eher die abendlichen Zeiten an. Die Stunden nach der Beendigung des Tageswerks und vor dem Schlafengehen werden von luziden Träumern bevorzugt für Phantasiereisen ins persönliche Paradies genutzt.

Wenn Sie Ihre Übungszeiten in die Abendstunden verlegen, dann führen Sie zunächst keine luziden Übungen zu Ihren normalen Schlafenszeiten durch. In diesen Zeiten sind Körper und Geist gewohnt, auf Schlaf zu schalten. Einschlafen dürfen Sie jedoch während der Exkursionen in Ihr Paradies nicht. Gerade für einen Anfänger ist es sehr schwer, während seiner Übungen wach zu bleiben. Wenn Sie während Ihrer Übung das Gefühl haben einzuschlafen, dann brechen Sie die Übung sofort ab. Unkontrolliertes

Einschlafen ist ein großes Hindernis für den Aufbau stabiler, klarer luzider Welten.

Manchmal ist es verlockend, die herrlichen Bilder der luziden Welt auch außerhalb der eigentlichen Übungsorte und –Zeiten zu genießen, etwa am Arbeitsplatz, auf dem Weg zur Arbeit oder auf einer Bank im Park. Bedenken Sie in solchen Fällen immer die Gefahren, die ein Kontrollverlust über Ihren Körper aus Fleisch und Blut heraufbeschwört. Es ist absolut gefährlich, Nahtodesübungen im zeitlichen Rahmen von Tätigkeiten durchführen zu wollen, die einen erhöhten Konzentrationszustand voraussetzen, wie etwa das Steuern eines Autos oder das Arbeiten mit gefährlichen Werkzeugen und Maschinen. Auch während harmloser aber an einen gewissen Grad an Wachheit gebundener Handlungen, beispielsweise beim Entspannen in der Badewanne (Gefahr zu ertrinken), sollten Sie keine Reisen in das klare, bunte Land der luziden Träume antreten.

Auszeiten

Erlebnisse in Ihrer luziden Welt haben für Sie den Charakter absoluter Realität. Dennoch führen luzide Träume aus der gewohnten Alltagswelt heraus. Was Sie während Ihrer luziden Exkursionen sehen, hören, fühlen, riechen und schmecken, existiert nur für Sie. Diesem Aus-der-Welt-Sein der luziden Träume sollten Sie mit einer besonderen Einstellung Rechnung tragen. Ich nenne dieses Aus-der-Welt-Sein <Auszeit>.

Betrachten Sie die Zeiten Ihrer luziden Übungen immer als Auszeiten: Außerhalb Ihres Jobs; außerhalb Ihrer Familie und Ihres Freundeskreises; Ihrer Sorgen, Probleme und Erwartungen; Ihrer Erkrankungen und Leiden. Sorgen Sie sich nicht darüber, dass Sie in Ihrer Auszeit etwas wichtiges versäumen könnten, etwa dass gleich das Telefon klingelt oder plötzlich ein wichtiger Besuch vor der Tür steht. Auszeiten haben zwar Anteil an Ihrer Lebenswelt und Lebenszeit, sie sind jedoch kein Teil Ihrer Alltagswelt. Kennzeichnen Sie Ihre Auszeiten. Grenzen Sie die Zeiten Ihrer Reisen ins Paradies deutlich von den Zeiten Ihres Alltags ab. Schaffen Sie sich ein Ritual, etwa eine besondere Körperbewegung verbunden mit einem besonderen Gedanken, um die Zeiten Ihrer luziden Exkursionen als auserwählte und überaus wertvolle Zeitspannen einzufassen. So ein Ritual ist dann eine Art Markierung, ein Grenzpfosten zwischen Ihrer Alltagswelt und dem Reich der luziden Träume. Ein Auszeitritual könnte beispielsweise darin bestehen, dass Sie Ihre Hände falten und sich denken „Beginn meiner Nahtodesübung". Nach dem Ritual sollten Sie sich ganz bequem hinlegen und entspannen. Entsprechend beenden Sie Ihre Auszeit wieder mit einem Ritual und einem Gedanken. Das Ritual am Ende der Auszeit könnte etwa darin bestehen, dass Sie Ihre Handflächen aneinander reiben, dann Ihre Hände ausschütten und sich denken „Ende meiner Nahtodesübung". Im Folgenden werde ich das Ritual zu Beginn der Auszeit als <Auszeit-eingangsritual> bezeichnen (weil Sie mit seiner Durchführung in die Auszeit eingehen). Das Ritual am Ende Ihrer Auszeit nenne ich Auszeitenderitual (weil Sie mit ihm Ihre Auszeit beenden).

Um die für luzide Übungen notwendige Zeit zu finden, sollten Sie Ihren Tagesablauf neu planen. Geben Sie sich nicht der Illusion hin, dass Ihnen jetzt gerade die Zeit fehlt und Sie für regelmäßige Übungen zu einem späteren Zeitpunkt mehr Muße haben werden. Lassen Sie sich nicht von der Annahme verführen, dass Sie in ein paar Wochen oder einem Jahr keine Alltagssorgen oder Probleme mehr haben, weil dann alles ganz anders ist (etwa weil Sie dann nicht mehr auf die Prüfung lernen müssen, die neue Stelle bereits angetreten haben oder die Operation bereits überstanden ist). Täuschen Sie sich nicht! Solange Sie leben, werden Sie immer irgendwelche Sorgen haben. Heute sind es vielleicht die Finanzen oder eine anstehende Prüfung. Doch wenn die Prüfung vorbei ist und wenn Ihre Finanzen geklärt sind, treten automatisch neue Aspekte Ihres Lebens in den Vordergrund, mit neuen Problemen und neuen Sorgen. Möglicherweise ängstigen Sie sich dann um Ihre Gesundheit oder Sie zermartern sich Ihr Gehirn mit Fragen, an die Sie heute noch gar nicht denken. Wenn Sie mit dem Beginn Ihrer Nahtodesübungen warten, bis Sie keine Sorgen mehr haben, werden Sie nie damit beginnen!

Verfallen Sie auch nicht dem Irrglauben, dass Sie keine Zeit für Auszeiten hätten. Die Zeit in Ihrem

Tagesablauf, in Ihrer Arbeitswoche und Ihrem Leben lässt sich nicht vermehren. Wenn Sie die Wichtigkeit Ihrer Nahtodesübungen eingesehen haben, werden Sie sich auch die Zeit dafür nehmen. Opfern Sie weniger wichtige Vorhaben Ihres Tagesablaufs und gewinnen so Zeit für Ihre luziden Übungen. Bei jedem Menschen und in jedem Tagesablauf lassen sich Zeitspannen finden, die ohne größere Probleme verlegt oder gleich ganz aufgegeben werden können. Wenn Sie in Ihrem Tagesablauf nicht genügend Zeit für Reisen ins Paradies finden können, sind Nahtodesübungen wahrscheinlich nicht wichtig genug für Sie. In diesem Fall gehen Sie in sich und versuchen herauszufinden, warum Sie sich dieses Buch überhaupt gekauft und es bis hierher gelesen haben. Wenn Sie wirklich die Technik des klaren, luziden Träumens erlernen wollen, dann sollten Sie sich auch die entsprechende Zeit dafür nehmen!

Platz für Auszeiten schaffen Sie sich über die Änderung Ihres gewohnten Tagesablaufs. Jede Änderung der vertrauten und eingespielten Routine Ihres Lebens erfordert zunächst einen hohen Aufwand an Energie. Das Aufgeben einer lieb gewordenen Gewohnheit ist oft schmerzhaft. Doch wenn Ihre luziden Reisen erst einmal zu einem selbstverständlichen Bestandteil Ihres Tagesablaufs geworden sind, erfordern sie keinen zusätzlichen Kraftaufwand mehr, sondern bringen Energie und Freude. Wichtig ist, dass Sie überhaupt erst einmal damit beginnen. Üben Sie möglichst immer zur gleichen Tageszeit. Machen Sie Ihre Exkursionen in die luziden Gefilde Ihrer Nah- und Nachtodeswelt zu einer lieben Gewohnheit.

Übung zum Auszeiteingangs- und Auszeitenderitual

Begeben Sie sich an Ihren Ort für luzide Träume. Legen Sie sich bequem hin. Ihr Körper sollte die angenehmste Stellung einnehmen, die Ihnen möglich ist. Jede Stellung und Lage ist in Ordnung, solange sie nicht bei der Entspannung stört. Zwingen Sie Ihren Körper in keine Meditations-Standardstellung. Jede unbequeme Lage verringert Ihre Entspannungstiefe. Passen Sie auf, dass die Blutzufuhr zu allen Körperteilen gesichert ist und Ihnen nicht ein Arm oder Bein einschläft. Optimal ist Ihre Körperstellung, wenn sie Ihnen nicht mehr als solche bewusst wird. Sobald Sie Ihre bequemste Stellung gefunden haben, führen Sie Ihr Auszeiteingansritual durch und atmen mehrmals tief ein und aus. Entspannen Sie sich und versuchen zu spüren, was Sie von der Alltagwelt noch bemerken. Das können Geräusche von der Straße sein, der Schlag des eigenen Herzens, das Gewicht des Körpers auf seiner Unterlage, das Licht einer Nachttischlampe oder gar Ihre eigenen Gedanken, die immer noch um Alltagssorgen kreisen. Achten Sie einige Zeit auf diese Boten aus der Alltagswelt. Dann führen Sie Ihr Auszeitenderitual durch, bewegen Arme und Beine, schütteln sich und stehen auf.

Der Morgen des neuen Tages empfängt Sie wieder mit der heiligen Schönheit eines herrlichen Sonnenaufgangs. Die milde, nach Wald duftende Luft ist erfüllt von dem gewohnten, lieblichen Wirrwarr aus Vogelstimmen, Kuckucksrufen und Spechtgeklopfe. Während die ersten Sonnenstrahlen Ihren noch verschlafenen Körper wärmen, lassen Sie die Geschehnisse des gestrigen Tages noch einmal in Gedanken vorüberziehen: Der Kahlenberg und die Aussicht über das Tal der Donau, die Rauchsäule in der Ferne, Ihre Wanderung durch den Sommerwald, immer am Bachlauf entlang, getragen von dem Wunsch zu den Menschen zu gelangen, die Sie bei der Rauchsäule vermuten.

Doch wo im Wald befinden Sie sich jetzt eigentlich? Hoch über Ihrem Blätternest wiegen sich die Wipfeläste der Eiche im Sommerwind. Bei weitem überragen sie das übrige Blattwerk des Waldes. Von da oben müsste man einen ausgezeichneten Ausblick über die Umgebung haben. Sie überlegen, ob Sie sich mit Gedankenkraft eine Treppe oder gleich einen Fahrstuhl in die obere Etage der Eichenkrone erschaffen sollten, entscheiden sich jedoch dafür, Ihren Körper den Anforderungen des Kletterns anzupassen, ihn jünger und drahtiger zu machen. Schon fühlen Sie unter Ihrem Hemd Ihren Bauchansatz schwinden und Muskeln wachsen.

Behände klettern Sie einen dicken Ast hoch und halten Ausschau über das Meer aus Baumwipfeln. Da, der große Fluss! Und rechts, weiter hinten, fast schon zu riechen – die Rauchsäule.

Die Alltagswelt bewusst ausblenden

Luzide Träume sind erfüllend schön. Das Besondere an ihnen ist jedoch, dass Sie ihren Inhalt frei bestimmen können. Nehmen Sie sich beispielsweise vor, eine halbe Stunde an einem herrlichen, palmenbewachsenen Südseestrand zu verbringen. Der Nachhall dieses Erlebnisses wird Ihren Alltag für Stunden mit Sonnenschein füllen. Voraussetzung für den Aufbau solch wundervoll klarer und stabiler Phantasiewelten ist das völlige Loslassen von der Alltagswelt. Weder Sorgen noch Probleme Ihres Lebensalltags dürfen während des Aufbaus Ihrer Klarträume in Ihrem Denken sein, sonst werden Sie entweder gar keine Luzidität erlangen oder bei Ihren Übungen einschlafen.

Sie haben bereits gelernt, sich mit der Reservierung eines festen Zeitrahmens und der Wahl geeigneter Übungsorte vor einem Großteil dieser Konzentrationshindernisse zu schützen. Mit Ihren Auszeiten haben Sie einen Freiraum markiert, der ausschließlich für Reisen ins Paradies reserviert ist.

Doch selbst wenn Sie niemand bei Ihren Übungen stört, und Sie viel Zeit zur Verfügung haben, ist Ihre Alltagswelt immer noch massiv in Ihrem Erleben gegenwärtig: Sie sehen Ihre Umgebung, Sie hören Ihren Atem oder andere Geräusche, Sie fühlen die Unterlage auf der Ihr Körper ruht. Alle Sinneseindrücke aus der Alltagswelt halten Sie im Diesseits fest. Aber auch Gedanken, die rund um Ihren Alltag kreisen, behindern Ihre Reise in die Welt luzider Träume.

Der Zugang zu Ihrem persönlichen Paradies lässt sich nur dann bei klarem Bewusstsein öffnen, wenn Sie lernen, während Ihrer Auszeit ihre Alltagswelt völlig aus Ihrem Erleben auszublenden. Alle Eindrücke, die Sie an Ihre Alltagwelt binden, also Sehen, Hören, Tastgefühl, Warm-kalt-Empfinden, Geschmacks- und Geruchsempfinden müssen vor dem Eintritt in das Paradies hinter dem Horizont so gut es geht beseitigt oder <aufgelöst> werden, so dass sie Ihre Konzentration auf die luzide Traumwelt nicht mehr stören können.

Einige dieser Störfaktoren aus der Alltagswelt lassen sich relativ leicht beseitigen:

Um optische Empfindungen auszublenden, sorgen Sie für Dunkelheit und schließen die Augen.

Ihre Körperempfindungen dämpfen Sie durch eine möglichst bequeme Lage Ihres Körpers, die richtige Kleidung und die richtige Zimmertemperatur. Achten Sie darauf, dass Ihr Magen nicht zu voll ist, dass Sie aber auch nicht hungrig oder durstig sind. Trinken Sie vor Ihren luziden Exkursionen in die Nahtodeswelt keinen Alkohol, nehmen Sie keine Drogen und keine Aufputschmittel zu sich.

Geruchs- und Geschmacksempfindungen spielen als Boten der Außenwelt nur eine untergeordnete Rolle. Falls Sie einen üblen Geschmack im Mund haben, putzen Sie sich die Zähne oder trinken einen Schluck Wasser.

Problematisch, weil nicht einfach abzustellen, sind die Hörempfindung und das restliche Körpergefühl. Alle Empfindungen aus Ihrer Alltagswelt, die sich nicht auf die oben beschriebene Weise beseitigen oder zumindest dämpfen lassen, müssen aktiv ausgeblendet werden. Eine besondere Rolle spielt hierbei das Denken. In Form von Problemen, Aufgaben, Vorhaben, Freuden und Ängsten ist unsere Alltagswelt selbst dann noch bei uns, wenn wir uns schon längst bequem hingelegt, die Augen geschlossen und unser Auszeiteingangsritual durchgeführt haben.

Gedanken beherrschen

Die Beherrschung der Gedanken ist nicht nur für den Beginn des luziden Traums von entscheidender Bedeutung. Sie ist während der gesamten Dauer Ihrer luziden Reise wichtig.

Stellen Sie sich vor, Sie erleben gerade einen wundervollen luziden Traum: Im geheimnisvollen Licht des Vollmondes sitzen Sie auf einem bemoosten Baumstamm am Ufer eines Sees, beobachten das gelbe Spiegelbild des Mondes auf der glatten Wasseroberfläche und lauschen dem Ruf des Uhus aus dem Dickicht der Bäume. Sie wissen, dass sich in luziden Träumen jeder Gedanke augenblicklich als Element Ihres Erlebens verwirklichen kann. Da Sie gerade Lust auf eine zärtliche Umarmung haben, entschließen Sie sich, Ihren Traumpartner aus dem Schatten des Waldes hervortreten zu lassen. Also erzeugen Sie zunächst ein kaum hörbares Rascheln im Dickicht hinter Ihrem Rücken, dann Schritte und schließlich lassen Sie den ersehnten Traummenschen an Ihrer Seite erscheinen.

Doch oh Schreck! Aus nebliger Dunkelheit des Waldes tritt kein erotischer Traumpartner an das mondscheinerhellte Seeufer, sondern ein scheußliches Monster. Was machen Sie in so einem Fall? Ihre Gedanken entscheiden darüber, wie sich Ihr luzider Traum weiter entwickeln wird. Sie haben es in der Hand, ob aus dem Monster doch noch ein begehrenswerter Mensch wird oder ob der ganze luzide Traum in einen Alptraum des Grauens abgleitet. Voraussetzung für die bewusste Kontrolle Ihrer Traumhandlung ist die Kontrolle Ihrer Gedanken.

Gedankenkontrolle lässt sich erlernen. Sie besteht aus drei Stufen:

- Gedankenbeobachtung.
- Unterdrückung störender Gedanken und Vorstellungen.
- Aufbau erwünschter Vorstellungen.

Gedankenbeobachtung

Übung zur Gedankenbeobachtung
Begeben Sie sich an Ihren Ort für luzide Träume, legen sich hin und führen Ihr Auszeiteingangsritual durch. Schließen Sie die Augen und entspannen sich. Nun lassen Sie Ihren Gedanken freien Lauf. Stellen Sie sich zu ihnen wie ein unbeteiligter Beobachter und lassen sie, ohne sich einzumischen, einfach fließen. Anfangs werden alle möglichen Gedanken wie wild auf Sie einstürmen. Alle möglichen Assoziationsketten werden sich bilden, durcheinander wirbeln, abrupt die Richtung wechseln und neue Gedanken und Vorstellungen aus den Tiefen Ihrer Erinnerung hervorholen. Akzeptieren Sie alle Gedanken, die sich Ihnen mit vermeintlicher Wichtigkeit präsentieren. Wohnen Sie ihnen bei, mischen sich aber nicht in ihren Verlauf ein und lassen sich nicht von ihnen vereinnahmen. Beobachten Sie sie einfach nur für einige Zeit. Dann führen Sie Ihr Auszeitenderitual durch, bewegen Ihre Arme und Beine, schütteln sich und stehen auf.

Die Übung der Gedankenbeobachtung erscheint auf den ersten Blick sehr leicht. Wenn Sie jedoch in der Gedankenkontrolle noch ungeübt sind, werden Sie keine zehn Sekunden in der Lage sein, Ihre Gedanken zu beobachten, ohne von ihnen vereinnahmt zu werden. Probieren Sie es ruhig einmal aus! Gewöhnlich wird der Anfänger bereits nach kurzer Zeit von seinen Gedanken derart eingesponnen, dass er seine

Beobachterrolle aufgibt und sich von seinem Gedankenstrom mitreißen lässt. Spätestens wenn sein Gedankenfluss ein aktuelles Problem seines Lebensalltages streift, besteht die Gefahr, dass er verstärkt seine Aufmerksamkeit auf dieses eine Problem lenkt. Ohne dass es ihm zunächst bewusst wird, stellt er die Wichtigkeit dieses Problems über sein Vorhaben, die Gedanken lediglich zu beobachten. In so einem Fall endet der Versuch zur Gedankenbeobachtung mit der Einsicht, schon wieder von den eigenen Gedanken vereinnahmt worden zu sein. Schlimmstenfalls schläft man während der Übung ein.

Der Erfolg in der Gedankenkontrolle kommt mit der Übung. Je öfter Sie Ihre Gedanken beobachten, desto länger werden Sie ohne Unterbrechungen bei der Sache bleiben. Zwar werden Ihre Gedanken sich noch lange aufbäumen und versuchen, wie ein wildes Pferd, das zum ersten Mal einen Reiter auf seinem Rücken spürt, Sie abzuschütteln. Doch wenn Sie nicht aufgeben, wird sich Ihr Gedankenstrom beruhigen. Langsam werden die Gedanken schwächer und weniger verworren. Immer einfacher lassen sich Assoziationsketten verfolgen, ohne dass sie den Anspruch von übergeordneter Wichtigkeit oder Alleingültigkeit erheben. Beobachten Sie Ihre Gedanken einige Minuten. Dann führen Sie Ihr Auszeitenderitual durch, bewegen Arme und Beine, schütteln sich und stehen auf.

Sie beherrschen die Beobachtung Ihrer Gedanken, wenn Sie nur noch einzelne Gedanken klar wahrnehmen und ansonsten in Ihrem Denken ein wohltuendes Gefühl zufriedener Ruhe verspüren.

Unterdrückung störender Gedanken und Vorstellungen

Die Fertigkeit in der Gedankenbeobachtung gibt uns noch nicht die Macht zur Gedankenbeherrschung. Die Zähmung von Gedanken und Vorstellungen setzt voraus, dass Sie nicht nur störende Gedanken erkennen und ausblenden, sondern darüber hinaus in der Lage sind, ausgewählte Gedanken wirkungsvoll über längere Zeit im Zentrum Ihres Bewusstseins zu halten. Der Unterdrückung störender Gedanken fällt dabei eine besondere Rolle zu.

Übung zur Unterdrückung störender Gedanken und Vorstellungen
Begeben Sie sich wieder an Ihren Ort für luzide Träume, legen sich bequem hin und führen Ihr Auszeiteingangsritual durch. Entspannen Sie sich und beobachten Ihre Gedanken. Beobachten Sie, wie sich das Ausmaß der Gedankenfülle in Ihrem Kopf langsam vermindert und wie bald nur noch wenige Gedanken schwach wie aus weiter Ferne zu spüren sind. Einen dieser Gedanken wählen Sie nun aus, um an

ihm die Unterdrückung störender Gedanken zu üben. Zunächst heben Sie ihn in das Zentrum Ihres Bewusstsein. Das geht ganz leicht, indem Sie Ihre Aufmerksamkeit auf ihn lenken, sich seine Umstände vergegenwärtigen oder Gefühle mit ihm verbinden. Wenn der Gedanke klar in Ihrem Bewusstsein ist, drängen Sie ihn wieder zurück und bringen ihn ganz zum Verschwinden. Sie können ihn beispielsweise auslöschen, symbolisch in einen Papierkorb werfen, ausradieren, oder wegwaschen.

Üben Sie das Löschen an allen Gedanken, die Ihnen in den Sinn kommen. Spielen Sie ein bisschen mit ihnen: Fordern Sie sie heraus, machen sie schwächer, löschen sie aus, erschaffen sie neu, verändern sie, drängen sie zurück, kombinieren sie mit anderen Gedanken und bringen sie schließlich endgültig zum Verschwinden. Halten Sie sich bei dieser Übung an nichts geistig fest, etwa indem Sie im Hintergrund Ihres Bewusstseins die Vorfreude auf das nächste Wochenende pflegen oder sich verstohlen und halbbewusst überlegen, was Sie nach der Übung alles zu erledigen haben.

Beenden Sie die Übung mit Ihrem Auszeitenderitual, bewegen Ihre Arme und Beine, schütteln sich und stehen auf.

Sie beherrschen die Übung der Unterdrückung störender Gedanken, wenn Sie über längere Zeit jeden noch so aktuellen oder mit Gefühlen verbundenen Gedanken ins Zentrum Ihres Bewusstseins holen und auch wieder aus Ihrem Bewusstsein verbannen können. Wann diese <längere Zeit> vorbei ist, ersehen

Sie am Nachlassen der Widerstände der zu löschenden Gedanken. Sobald Ihnen die Übung so leicht fällt, dass sie beginnt langweilig zu werden, haben Sie sie mit Erfolg absolviert.

Gedanken beliebig lange im Bewusstsein halten

Im Alltag erleben Sie sich als Person in einem bestimmten Geschehen, vor einem bestimmten Hintergrund, in Anwesenheit bestimmter Menschen und Lebewesen. Im Unterschied zum Alltag finden Sie jedoch in Ihrer luziden Traumwelt keinen dieser Aspekte vor, sondern müssen sie alle erst mit Ihrer Vorstellungskraft erschaffen. Das heißt, Ihr gesamtes luzides Traumgeschehen muss von Ihnen selbst entworfen werden: Sie müssen wissen, was Sie in Ihrer luziden Welt erleben werden, wer Sie sind und welche Rolle Sie in der Handlung spielen werden, wo die Handlung ablaufen wird, welche Menschen oder Lebewesen Ihre Traumwelt bevölkern werden, wie sich die Geschichte weiter entwickeln wird. Bevor Sie die Reise in Ihr Traumparadies antreten, müssen Sie zumindest das Gerüst der Handlung kennen, die Sie erleben wollen. Um dieses Handlungsgerüst herum kristallisieren sich dann die luziden Erlebnisse. Wie Sie das genau machen ist Stoff eines späteren Kapitels. Jetzt geht es lediglich darum, dass Sie sich die Grundlage zum Aufbau luzider Welten schaffen. Diese Grundlage besteht in der Fähigkeit, einen ausgewählten Gedanken für längere Zeit festzuhalten. Nur wenn Sie in der Lage sind, beliebig Gedanken und Vorstellungen für längere Zeit im Bewusstsein zu halten, können Sie sie mit Sinneneindrücken umkleiden, um daraus eine erlebbare Situation aufzubauen.

Übung zur Stabilisierung von Gedanken

Begeben Sie sich an Ihren Ort für luzide Träume, legen sich bequem hin und führen Ihr Auszeiteingangsritual durch. Entspannen Sie sich. Wählen Sie einen beliebigen Gedanken aus. Halten Sie diesen Gedanken in Ihrem Bewusstsein. Wenn er schwächer wird und sich aufzulösen beginnt, verstärken Sie ihn wieder. Wenn sich andere Gedanken in den Vordergrund drängen wollen, drängen Sie sie zurück oder löschen sie. Wenn sich Ihr Gedanke zu verändern beginnt, wenn er sich windet wie eine Schlange, dann verleihen Sie ihm von neuem Form und Stabilität. Wählen Sie beispielsweise den Gedanken <Tannenzapfen> oder <Brandungsgeräusch>. Halten Sie einen dieser Gedanken in Ihrem Bewusstsein fest. Lassen Sie nicht zu, dass er verschwindet oder durch optische Vorstellungen (Tannenzapfen als Bild) und akustische Phantasien (Brandungsgeräusch als Hörerlebnis) ersetzt wird. Unterdrücken Sie auch den optischen Eindruck des geschriebenen Wortes <T a n - n e n z a p f e n> oder <B r a n d u n g s g e - r ä u s c h>. Verhindern Sie thematische Verschiebungen, etwa wenn sich der Tannenzapfen in einen Tannenbaum oder in ein Fieberzäpfchen verwandeln möchte.

Beenden Sie Ihre Übung mit Ihrem Auszeitenderitual, bewegen Ihre Arme und Beine, schütteln sich und stehen auf.

Sie sind Meister in der Durchsetzung Ihrer Vorstellungen, wenn Sie einen beliebigen Gedanken dauerhaft im Bewusstsein halten können, ohne auf nennenswerte Widerstände zu stoßen.

Die drei Fertigkeiten zur Gedankenbeherrschung, nämlich die Gedankenbeobachtung, die Löschung störender Gedanken und die Stabilisierung ausgewählter Gedanken und Vorstellungen, sind die eigentliche Grundlage Ihrer Reisen in die luzide Welt der Nah- und Nachtodeserlebnisse. Üben Sie zunächst mindestens einmal täglich. Da es sich um grundlegende Fähigkeiten für luzide Träume handelt, sollten Sie großen Wert auf Perfektion legen.

Zur Rauchsäule wollen Sie gelangen, denn dort vermuten Sie Menschen. Ihre Wanderung führt Sie durch den morgenfrühen Sommerwald mit seinen Farben, Düften und Geräuschen. An Tümpeln sitzen weiße Schmetterlinge auf einem Teppich aus schwimmenden Wasserpflanzen. Ein paar Schritte weiter halten Ihnen Veilchenbüschel ihre violetten Köpfchen entgegen. Daneben, wie von einem Maler aus seiner Farbpalette hingekleckst, kleine gelbe und rote Holzpilzchen an einem mit dunkelgrünem Moos bedeckten, quer zum Weg liegenden Baumstamm.

Der Wald wird zusehends lichter. Zwischen den Bäumen wächst immer mehr Gras – zunächst in kleinen Büscheln, dann dichter werdend und schließlich bodendeckend, mit mehr und mehr bunten Blumen gesprenkelt.

Schließlich öffnet sich das Gehölz zu einer weiten Lichtung, auf der eine mannshohe, kuppelförmige Hütte steht. Verwundert und neugierig nähern Sie sich dem Bauwerk, das eindeutig menschlichen Ursprungs ist. Die Bauweise erinnert an Lehmhäuser früher Kulturen, mit einem Gerippe aus Reisig und einigen großen Steinen als Fundament ...

Der Angriff kommt völlig überraschend. Plötzlich tauchen von allen Seiten aus dem hohen Gras schmutzige, in Felle und Grasmatten gekleidete Gestalten auf. Die Gesichter mit Lehm beschmiert und die zotteligen dunkelblonden Haare zu einer Vielzahl armlanger Zöpfchen geflochten, schwingen sie grimmig Speere und Knüppel, nähern sich, drohen anzugreifen.

Als Ihr erster Schreck vorüber ist, fassen Sie den Entschluss sich zu wehren. Was soll Ihnen schon geschehen? Sie greifen nach Ihrem Faustkeil und halten ihn drohend in die Luft.

Erneut sind Sie vollkommen überrascht. Diesmal von dem sonderbaren Verhalten der gruselig anmutenden Gestalten, die ihre Waffen zu Boden werfen und in ein wildes Gelächter ausbrechen. Mit son-

derbar grinsenden Mienen nähern sie sich Ihnen, umringen Sie und beginnen, immer noch lachend, Sie zu entkleiden. Als Sie sich schüchtern wehren, werden Sie zu Boden geworfen. Die Meute reißt Ihnen mit wildem Gelächter die Kleider vom Leib und lässt erst von Ihnen ab, als Sie vollkommen nackt am Boden liegen.

Verstört stehen Sie auf, blicken sich betreten um und versuchen mit Ihren Händen Ihre Blöße zu bedecken. Es wird still, das Lachen verklingt, gibt wieder den Vogelstimmen aus dem Wald Raum.

Da, ein Geräusch hinter Ihnen. Ein kleiner Mann in einem schmutzigen Fell öffnet die Tür der Lehmhütte und weist mit der Hand in das dunkle Innere.

Sie sehen fragend in die Runde. Wieder beginnt die Menge laut zu lachen. Viele schmutzige, raue Hände greifen nach Ihnen und werfen Sie unter schallendem Gelächter in die Hütte.

Vollkommen nackt landen Sie in einer weichen, warmen, breiartigen Masse. Mit dumpfem Gepolter schließt sich die Tür hinter Ihnen. Von der Decke rieseln Sand und trockener Lehm auf Ihren vor Schweiß nassen Rücken. Auf einmal ist es absolut dunkel und still.

Geräusche aus der Alltagswelt neutralisieren

Akustische Empfindungen fesseln uns viel stärker an unsere Lebenswelt als andere Sinnesempfindungen. Während sich Sehreize bereits durch das Schließen der Augenlider ausreichend ausblenden lassen, sind Geräusche aus der Alltagswelt für den Anfänger in der Kunst des luziden Träumens ein großes Konzentrationshindernis. Gerade bei Dunkelheit oder bei geschlossenen Augen ist unsere Aufmerksamkeit durch Hörreize leicht alarmierbar. Jede akustische Alarmierbarkeit jedoch verringert unsere Konzentrationstiefe und hält uns in der Alltagswelt fest.

Erst wenn Sie mit allen Sinnen von dieser Welt loslassen, wird sich das Tor ins Reich luzider Träume öffnen. Doch absolute Stille lässt sich nicht herstellen. Selbst bei vollkommen stiller Umgebung kann man noch den eigenen Atem hören, die Bewegungen des Kopfes auf dem Kopfkissen wahrnehmen und eventuell den eigenen Herzschlag vernehmen – und das selbst bei der Verwendung schalldichter Kopfhörer oder Ohrstöpsel. Da sich Hörempfindungen selbst durch einen Hörschutz nicht vollends unterdrücken lassen, müssen sie aktiv ausgeblendet werden. Später, wenn Sie im luziden Träumen erfahrener sind, werden Sie Geräusche aus Ihrer Alltagswelt problemlos <wegkonzentrieren> können.

<u>Übung zur Neutralisierung von Hörempfindungen</u>
Begeben Sie sich an Ihren Ort für luzide Träume,
legen sich bequem hin, führen Ihr Auszeiteingangsritual durch und entspannen sich. Stellen Sie die Gedankenleere (S.79) her. Nun achten Sie bewusst auf
Geräusche aus Ihrer unmittelbaren Umgebung, die
sich nicht durch einfache Schallschutzmaßnahmen,
wie dem Schließen von Fenstern oder dem Ausschalten der Klimaanlage, dämpfen lassen. Achten Sie auf
Ihren Atem, auf die durch den Herzschlag hörbare
Bewegung Ihres Kopfes am Bettzeug, den Puls in
Ihren Ohren, den Verkehrslärm von der Straße, das
Summen der Heizung. Finden Sie heraus, wie lange
der Eindruck dieser Geräusche in Ihrem Bewusstsein
verbleibt, bis er schließlich verblasst. Achten Sie auf
die Zeitspanne, die vergeht, bis das Erlebnis des
Schalls verklungen oder durch ein anderes, aktuelle-
res Schallerlebnis ersetzt worden ist.

Jedes Hörerlebnis erzeugt im Bewusstsein einen
Nachhall. Sie empfinden den Schall noch einige Zeit,
nachdem seine physikalische Ursache bereits verklungen ist. Diesen durch das Erleben des Geräusches entstandenen Nachhall in Ihrem Denken können Sie auf dem Wege des <aktiven Löschens> immer kürzer machen: Lassen Sie den Nachhall be-
schleunigt ausklingen, unterdrücken Sie ihn. Sobald
Sie in der Lage sind, die Empfindung des Geräusches
im selben Moment zu löschen, in dem sie Ihr Denken
erreicht, werden Sie das Geräusch nicht mehr hören.
Bei geübten luziden Träumern läuft dieser Vorgang
automatisch ab, sobald sie sich an den Ort für luzides

Träumen begeben, sich entspannen und das entsprechende Ritual durchführen.

Sie beherrschen die Neutralisierung von Hörempfindungen, wenn Sie für etwa 15 Minuten an Ihrem Ort für luzide Träume liegen können, ohne von Geräuschen aus Ihrer Außenwelt gestört und ohne von unerwünschten Gedanken belästigt zu werden. Beenden Sie Ihre Übung, indem Sie Ihr Auszeitenderitual durchführen, Ihren Körper bewegen und aufstehen.

Die aktive Neutralisierung von Hörempfindungen erfordert viel Übung. Neben der Strategie des aktiven Löschens des Nachhalls gibt es eine Anzahl weiterer Kniffe zur Schwächung der Schalleindrücke aus der Außenwelt. Viele Schüler der luziden Träume entwickelt ihre eigene Strategie. Lassen Sie Ihre Phantasie spielen. Warum behandeln Sie Hörerlebnisse nicht einmal so, als ob sie Gedanken wären, die man vergessen kann? Versuchen Sie es einmal!

Sehr gut bewährt hat sich die Neutralisierung eines störenden Geräusches durch die Vorstellung eines zweiten Geräusches, das das erste überlagert und im Laufe der Zeit immer tonloser wird. Schließlich bleibt nur noch der Effekt der Überlagerung übrig; ein tonloses Etwas, das man bald nicht mehr bewusst wahrnimmt. Ich beseitige störende Geräusche während der Startphase meiner Übungen, indem ich ihren Nachhall ausdehne. Auf diese Weise mischt sich der Widerklang des gerade eben gehörten Geräusches mit dem Erleben neuer Geräusche. Durch dieses <Ineinanderfahren> von Geräuscherlebnissen entsteht ein Hintergrundrauschen, auf das ich dann einfach nicht mehr achte.

Keine der beschriebenen Strategien zur Beseitigung störender Geräusche ist perfekt. Sie sind jedoch alle von luziden Träumern erprobt. Überlegen Sie sich, welche Ihnen am ehesten zusagt. Mit der Zeit finden Sie die für Sie richtige Methode.

Bei manchen Schülern des luziden Träumens fördert sogar eine leise Schallquelle die Konzentration – beispielsweise ein Zimmerbrunnen, ein Radio oder ein CD-Spieler. Solche Hilfsmaßnahmen zur Ruhigstellung des alltagsweltlichen akustischen Empfindungsvermögens sind jedoch nicht ausnahmslos zu empfehlen, denn sie können auch stören. Es ist eben nicht jedermanns Sache, sich neben einem blubbernden und plätschernden Zimmerbrunnen zu entspannen.

Immer tiefer versinken Sie in der breiartigen Masse, in die Sie von den schmutzigen, nach ranzigem Fett riechenden und mit Fellen und Grasmatten bekleideten Gestalten geworfen worden sind. Sie wissen nicht mehr wo oben und unten ist. Sie wollen atmen, doch Sie können nicht. Bald vergessen Sie, wie es überhaupt ist, zu atmen, zu denken, zu sein. Gerade wollen Sie sich noch mit ganzer Kraft gegen diese fortschreitende Leere zur zu Wehr setzen, doch im nächsten Augenblick fällt Ihnen schon nicht mehr

ein, wogegen Sie sich eigentlich wehren wollten. Ihr
Verstand, Ihr Empfindungsvermögen und Ihre Geis-
teskraft verarmen. Ihre Ziele, Wünsche, Vorlieben
und Werte lösen sich immer mehr auf zu einer brei-
artigen Masse, ähnlich der, in der Sie gerade versin-
ken. Ein unbegreifliches Nichts breitet sich in Ihnen
und um Sie herum aus.

Eine Ihrer letzten Empfindungen ist das Bedauern,
nicht schon in der Blüte Ihres Erdendaseins, als das
Thema Tod noch in weiter Ferne schien, Situationen
des Nahtodes geübt zu haben. Sie hätten viel Zeit zur
Entwicklung von Strategien gehabt. Denn eigentlich
war Ihnen immer schon klar, dass einmal der Augen-
blick kommen würde, an dem Ihre Lebenserfahrung,
Ihr Wissen und Ihr Wille hinwegdämmern würden.
Verzweifelt versuchen Sie sich an einzelnen Gedan-
ken festzuhalten, im Sinne eines „So lange ich denke,
bin ich". Doch auch das Bewusstsein davon löst sich
mehr und mehr auf ...

Alltagskörpergefühle ausblenden

In Ihrem luziden Paradies sind Sie nicht mehr an den
Körper Ihrer Alltagswelt gebunden. Sie können sich
einen vollkommen anderen Körper erschaffen, ein
anderes Geschlecht annehmen und frei Ihr Alter wählen. Sie müssen nicht einmal Ihre menschliche Ges-

talt behalten, sondern sind in der Lage, die Welt als Pflanze, Tier, Stein, Wolke oder Fluss zu erfahren. Ganz gleich, als was Sie in Ihrem luziden Paradies erscheinen – jede Reise in die Welt hinter dem Horizont setzt voraus, dass Sie die Empfindungen Ihres Alltagskörpers weitgehend ausschalten. Daher sollten Sie für die Zeit des Aufenthalts in Ihrer wundervollen luziden Welt nicht nur Ihre Sorgen in Diesseits lassen, sowie die Seh- und Hörreize des Alltagskörpers so weit es geht verringern, sondern auch alle Gefühle Ihres Alltagskörpers ablegen. Die beste Methode hierfür besteht in der Beseitigung aller Orientierungsbezüge zur Alltagswelt. Bei den meisten Schülern des luziden Träumens hat sich die <Drehübung> als wirkungsvollste Technik zum Verlassen des Alltagskörpers bewährt.

Die Drehübung 1: Einfache Drehung des luziden Körpers im Alltagskörper
Begeben Sie sich an Ihren Ort für luzides Träumen, legen sich bequem hin, vollziehen Ihr Auszeiteingangsritual und entspannen sich. Stellen Sie die Gedankenleere her und schließen die Augen. Eventuell verdunkeln Sie das Zimmer. Versuchen Sie möglichst alle Geräusche zu minimieren und auszublenden.

Sie fühlen sich absolut wohl und liegen bequem an Ihrem Ort für luzide Träume. Es gibt nichts mehr, worüber Sie sich Sorgen machen müssten, und es gibt nichts, was Sie bei Ihrer Übung stören könnte.

Stellen Sie sich nun vor, dass sich in Ihrem menschlichen Körper aus Fleisch und Blut noch ein zweiter Körper befindet – Ihr luzider Traumkörper. Möglicherweise kam Ihnen dieser zweite Körper noch nie zuvor zu Bewusstsein, weil Sie sich bisher ausschließlich mit Ihrem materiellen Körper identifiziert haben. Stellen Sie sich vor, dass dieser zweite Körper genauso Ihrem Willen gehorcht wie Ihr materieller Körper und dass er sich unabhängig vom Körper aus Fleisch und Blut bewegen lässt.

Sie müssen es sich nicht erklären können, wieso Sie in Ihrem Körper aus Fleisch und Blut noch einen zweiten, unsichtbaren Leib haben. Sie müssen es sich nur vorstellen. Der Erfolg bleibt nicht aus, denn jeder Mensch kann sich mit einem anderen Körper identifizieren und Bewegungen miterleben, als ob sie seine eigenen wären – wie sonst wollten wir die Erlebnisse unseres Romanhelden im Buch oder unseres Filmhelden auf der Leinwand miterleben. Dieses <Miterleben> wollen wir nun kultivieren und perfektionieren. Mit der Vorstellung und der Übung kommt die Überzeugung, dass Sie tatsächlich einen luziden Körper haben, und die Frage nach einem Beweis erübrigt sich.

Beginnen Sie nun, sich mit dem zweiten Körper (Ihrem luziden Traumkörper) in Ihrem materiellen Körper zu drehen. Drehen Sie sich zunächst nur ein wenig hin und her, etwa so, wie Sie Ihre Hand in einem etwas zu weiten Handschuh hin und her drehen würden. Drehen Sie sich nach rechts und nach links, und wieder nach rechts und nach links, immer hin und her. Dehnen Sie die Spannweite der Drehbewegung im Laufe der Zeit immer mehr aus; drehen

Sie sich bei jedem Durchgang ein Stückchen weiter, bis Ihnen eine vollständige Drehung gelingt.

Probieren Sie aus, ob Sie sich leichter rechts- oder linksherum drehen können. Beide Richtungen erfüllen ihren Zweck. Jedoch kann es sein, dass Ihnen die Linksdrehung das Gefühl vermittelt, sich leichter vom Alltagskörper lösen zu können, weil es die Bewegungsrichtung einer Schraube ist, die aus dem Gewinde heraus gedreht wird. Ich kenne auch luzide Träumer, die eine Rechtsdrehung bevorzugen, weil sie aufgrund ihrer Intuition eine Drehung nach rechts positiver bewerten als eine Drehung nach links. Handhaben Sie die Drehrichtung wie es Ihnen beliebt. Bei mir führen beide Drehrichtungen zum Erfolg.

Sobald Sie eine vollständige Drehungen vollziehen können, sind Sie reif für das Löschen Ihres Körpergefühl.

Beenden Sie Ihre Drehübung, indem Sie sich Ihres Alltagskörpers vergegenwärtigen, Ihr Auszeitenderitual durchführen, Ihren Alltagskörper bewegen und aufstehen.

Die Drehübung 2: Löschung des Alltagskörpergefühls

Legen Sie sich an Ihren Übungsort für luzides Träumen, vollziehen Ihr Auszeiteingangsritual und entspannen sich. Stellen Sie die gedankliche Leere her und reduzieren die akustische Wahrnehmungen Ihrer Alltagswelt. Nun beginnen Sie sich mit Ihrem vorgestellten zweiten Körper langsam um die Längsachse Ihres materiellen Körpers zu drehen und erhöhen nach und nach die Drehgeschwindigkeit, bis Sie sich gerade so schnell drehen, dass Sie Ihre Lage im Raum nicht mehr den Objekten Ihrer materiellen Umgebung (Bett, Zimmer) zuordnen können. Drehen Sie sich aber nicht zu schnell. Bei zu schneller Rotation erfordert der Vorgang der Drehung zu viel Aufmerksamkeit und das behindert Ihre Gedankenleere oder die Aktive Unterdrückung von Geräuschen. Sie werden nach einigen Übungen selbst das richtige Maß an Drehgeschwindigkeit herausfinden. Gewöhnlich ist das etwa eine Umdrehung in der Sekunde.

Während der Rotationsübung ist die Gefahr des ungewollten Einschlafens besonders hoch. Achten Sie auf alle Zeichen von Müdigkeit. Wenn Sie schläfrig werden, dann brechen Sie die Übung ab. Falls Sie dreimal hintereinander bei der Übung einschlafen, sollten Sie sie in eine andere Tageszeit verlegen.

Im Laufe der Drehung verlieren Sie langsam die Orientierung im gewohnten Raum Ihrer Alltagswelt. Sie wissen nicht mehr, wie Ihr zweiter Körper im Raum ausgerichtet ist. Aufgrund der vorher bereits hergestellten und durch die Drehübung hindurch aufrechterhaltenen Gedankenleere wissen Sie auch nicht mehr, wo Sie sind, wer Sie sind und was Sie sind. Drehen Sie sich weiter. Mit dem Verblassen der Zuordnung zu dem gewohnten Raum Ihrer Alltagswelt fällt es Ihnen zunehmend schwerer, überhaupt eine Drehung zu spüren.

Sie haben die Übung erfolgreich abgeschlossen, wenn Sie zwar wissen, dass Sie sich drehen, aber keine Zuordnung zu irgendwelchen Fixpunkten Ihrer Umwelt mehr haben, anhand derer Sie Ihre Drehrichtung und Drehgeschwindigkeit bewerten könnten. Es ist ein Gefühl, als hinge man irgendwo in einer Zwischenwelt. Verharren Sie einige Zeit im Zustand der Körperlosigkeit. Genießen Sie seine erlösende Leichtigkeit. Sammeln Sie Kraft und fühlen sich wohl.

Die Rückkehr in die Alltagswelt gestaltet sich nun nicht mehr ganz so einfach, denn Sie besitzen ja keine räumliche Zuordnung mehr. Wieder können Sie sich mit einer bloßen Vorstellung behelfen: Beenden sic Ihre Gedankenleere und stellen sich Ihren Alltagskörper vor, wie er an seinem Ort für luzide Träume liegt und so aussieht, als würde er schlafen. Schlüpfen Sie in diesen Körper hinein. Vollziehen Sie Ihr Auszeitenderitual, bewegen Ihre Gliedmaßen, strecken sich und stehen auf.

Die absolute Leere

Die Übung zur Gedankenleere, die Ausblendung von Sinnesreizen und das Ausschalten des Körpergefühls durch Rotation haben alle den gleichen Zweck. Diese Fertigkeiten sollen Sie in die Grenzwelt zwischen Alltagswelt und luzider Traumwelt führen. Fassen

Sie nun die drei Übungen zusammen zur <Übung der absoluten Leere>. Denken Sie sich dafür ein Ritual aus – ähnlich dem, das Sie zur Einleitung Ihrer Auszeit entworfen haben. Im Gegensatz zum Auszeiteingangsritual darf das Leereritual jedoch keine körperliche Komponente enthalten. Es sollte rein geistiger Natur sein und sich sehr schnell durchführen lassen. Schicken Sie beispielsweise einen leichten Schauer durch Ihren Körper oder lassen Ihren Körper (in Ihrer Vorstellung) durchsichtig werden oder zählen rückwärts von drei bis null. Vollziehen Sie das Ritual jedes Mal bevor Sie mit den Einzelübungen zur absoluten Leere (Leere von Gedanken, Sinnesreizen und Körpergefühl) beginnen. Später, wenn Sie Routine im Aufbau Ihrer luziden Nahtodeswelten haben, wird das Leereritual alleine genügen, um Sie in den Zustand der absoluten Leere zu versetzen.

Ihre vorbereitenden Übungen für den Einstieg in die Welt der luziden Träume sind nun abgeschlossen. Vor jeder Reise in Ihre luziden Nahtodeswelten durchlaufen Sie die erlernten Eingangsübungen in verkürzter Form: Sie legen sich bequem an Ihren Ort für luzide Träume, führen Ihr Auszeiteingangsritual durch und entspannen sich. Dann führen Sie Ihr Ritual zur absoluten Leere durch, reduzieren Ihren Gedankenstrom, blenden alle Sinnesreize aus, und rotieren sich aus den räumlichen Zusammenhängen Ihrer Alltagswelt heraus. Der ganze Vorgang sollte möglichst ohne großen Zeit- und Energieaufwand ablaufen und darf nicht länger als eine oder zwei Minuten dauern. Dem Geübten genügen einige Sekunden.

Brauchen Sie für diese Vorbereitungsphase zu lange, dann besteht die Gefahr, dass Sie sich in Ihren vorbereitenden Übungen verlieren und zur Einleitung der eigentlichen Luzidität gar nicht mehr kommen, weil Sie dazu keine Kraft mehr haben oder ganz einfach einschlafen. Sorgen Sie für die nötige Routine, so dass Ihr Übergang von der Alltagswelt in das Niemandsland zwischen Alltag und luzider Traumwelt höchstens zwei Minuten dauert.

Erst wenn Sie alle Vorübungen perfekt beherrschen, sollten Sie mit den eigentlichen Übungen zum luziden Träumen beginnen.

Die breiartige, lautlose Finsternis umschließt Sie von allen Seiten. Doch Sie haben kein Gefühl des Umschlossenseins mehr. Ebenso ist Ihnen das Gefühl der Angst abhanden gekommen, sowie jegliche Temperaturempfindung, Geschmacks- und Geruchswahrnehmung und das Gespür für Zeitabläufe. Sie wissen nicht mehr, wie lange Sie bereits in dieser Falle aus Brei stecken. Waren es erst ein paar Sekunden oder bereits Äonen? Sie fühlen sich wie in der Pause einer Theatervorstellung und wissen nicht einmal, ob das Stück überhaupt noch fortgesetzt wird.

Welches Stück? Hören Sie da nicht eine Frauenstimme in monotonem Singsang ein Gedicht vortragen? Während Sie angestrengt lauschen, wird Ihnen klar, dass Sie diese Stimme schon seit geraumer Zeit vernommen haben, dass Sie sich dessen aber irgend-

wie nicht bewusst werden konnten. Sie versuchen, sich auf die Frauenstimme zu konzentrieren und bemerken, wie sie langsam lauter und klarer wird. Bald können Sie im monotonen Gesang einzelne Sätze verstehen. Der Singsang erinnert an die triviale Kopie eines klassischen Dramas:

„Da ist einer, von weitem kommt er her, sein Denken ist klein, hält jeden Traum für Realität. Jetzt ist er da, zum Fest der Liebe. So nah! Ich weiß, es ist noch nicht zu spät. Seine Nähe tut mir gut, entfacht in mir neues Leben ..."

Ein dumpfes Gepolter setzt ein. In der Wand vor Ihnen öffnen sich Spalten und Risse, durch die grelles Licht dringt. Sie erkennen die Umrisse einer leicht geöffneten Tür. Goldgelbe Strahlen hüllen alles in ein liebevoll vergebendes Licht. Sie sehen sich um. Es riecht nach Holz und alten Fellen. Neben Ihnen, an dem dicken Stützbalken eines hüttenartigen Innenraumes, hängen Gefäße aus grauem Ton, mit einem gelben Zickzackmuster verziert. Irgendwo haben Sie diese Art von Keramik bereits gesehen. Vorsichtig berühren Sie den Stützbalken und folgen mit Ihren Blicken einem herab fallenden Rindenstück. Der Boden ist mit weichen Fellen ausgelegt. Auch Sie sind in Felle gekleidet. Keine Spur mehr von Schlamm oder Brei. Aus der gebräunten Haut Ihrer Arme sprießen strohgelbe Haare. Auch aus Ihrer leicht geöffneten Felljacke quillt an der Brust ein Büschel goldblonder Haare. Sie greifen sich in den Nacken, spüren einen langen festen Zopf, ziehen ihn nach vorne, blicken ihn an und brechen in schallendes

Gelächter aus: „Meine Güte, ich habe lange, blonde Haare, ich habe einen total neuen Körper! Ich bin ein gesunder, wohl gebauter junger Mann!"

Erneutes Gepolter. Die schwere Tür aus rohen Holzbalken öffnet sich ganz und gibt Raum für das warme, weiche, goldgelbe Licht eines prächtigen Sommervormittags.

Und plötzlich steht sie da. Ein Traum von einer Frau. Hoch gewachsen, barfüßig, die wohlgeformten Beine in einer grob gewirkten an den Seiten offenen braunen Leinendecke, die langen, üppigen, gold-blonden Haare über den sich unter einem zartgelben Leinenhemdchen abzeichnenden Brüsten. Während Sie mit fragendem Blick und offenem Mund Ihre Verwunderung nicht verbergen können, tritt sie über die Schwelle der Hütte, umarmt Sie, erfüllt Sie mit ihrem betörenden Duft und ihrer zärtlichen Wärme und flüstert Ihnen ins Ohr: „Willkommen daheim, Mogliar!"

Die eigentliche Luzidität

Unser Ziel ist das Erlernen des luziden Träumens, um Nah- und Nachtodeszustände zu simulieren.

Die Vorübungen der vorhergehenden Kapitel führten Sie in einen Zwischenbereich zwischen Alltag und luzider Traumwelt. Ihre geistige und körperliche Bindung an die Welt Ihres Alltags sind in dieser

Übungsphase bereits sehr locker. Sie sind sich nur noch bewusst, dass es Sie gibt. Ansonsten ist Ihr Erleben leer, ohne Inhalt. Je nach dem Inhalt, mit dem Sie es jetzt füllen, gelangen Sie in die unterschiedlichsten Phantasiewelten.

Aus dem Zustand der Leere heraus lässt sich luzides Klarträumen auf unterschiedliche Weisen einleiten. Sie können sowohl durch die Konzentration auf Farben und Formen, auf ein einzelnes Wort oder gar eine einzelne Silbe luzid werden, als auch durch gleichförmiges Schwingen Ihres Bewusstseins oder durch die intensive Vorstellung eines Tones. Jedoch führen solche Techniken zur Einleitung des Klarträumens selten zu reichhaltigen, bunten und bewussten Traumwelten in denen Sie frei nach Ihrem Willen handeln können.

Luzidität in Form realistisch-klar erlebbarer und bewusst steuerbarer Nahtodes-Traumwelten erreichen Sie am sichersten über die Erweckung Ihrer einzelnen luziden Sinne. Nacheinander erschaffen Sie sich ein luzides Körpergefühl (Methode der Außerkörperlichkeit), luzide Sehfähigkeit (Blumenfarbenmethode), luzides Hörvermögen, luzides Fühlen, Riechen und Schmecken. Sie betreten Ihre luzide Welt nicht überraschend oder unvermittelt. Vielmehr erarbeiten Sie sich Ihr persönliches Paradies nach und nach. Sie befinden sich damit in einer ähnlichen Lage wie ein Neugeborenes, das erst einmal seine Sinne schulen muss, bevor es in der Welt erleben und handeln kann. Mag dieser Weg auch noch so mühsam erscheinen –

er führt sicher in die luzide Welt der persönlichen Phantasie.

Und möglicherweise lernen Sie die geschilderten Techniken nicht nur für dieses Leben. Wenn auf die Nahtoderlebnisse eine Nachtodeswelt folgt und darauf eine neue Lebenswelt, besitzen Sie mit Ihren luziden Fähigkeiten wichtige Schlüsselbegabungen für eine selbst gestaltete, glückliche Zukunft.

Die Methode der Außerkörperlichkeit

Was von einer Reihe von Autoren als <außerkörperliche Erfahrung> (englisch: Out Of The Body Experience), <Exteriorisation> oder <Astralreisen> beschrieben wird, sind nichts weiter als luzide Erfahrungen. Häufig ist die Trennung vom Erdenkörper der eindrucksvollste Teil eines luziden Traumes. Astralreisen werden als sehr reale Erlebnisse geschildert:

„Bei den ersten außerkörperlichen Erfahrungen war mir dieser Zustand derart ungewohnt, dass ich es nach dem Hinaussteigen auf das Dach einfach nicht gewagt habe, hinunterzuspringen. Es ließ sich bezüglich meines Ich-Bewusstseins und meiner Körperempfindungen kein Unterschied zum Wachzustand erkennen, der mir mit Sicherheit angezeigt hätte, ob ich innerhalb oder außerhalb des physischen Körpers bin." (13)

Außerkörperliche Erfahrungen sind luzide Erlebnisse, die Außerkörperlichkeit zum Thema haben. Sie hätten genau so gut Alltagsprobleme, Kindheitserinnerungen oder erotische Phantasien zum Thema haben können. Ihr häufiges Erscheinen in luziden Träumen macht Erlebnisse der Außerkörperlichkeit zu einer idealen Eintrittspforte in die Klartraumwelt. Das Gefühl der Außerkörperlichkeit lässt sich trainieren.

Die Übung der Außerkörperlichkeit baut auf der Fähigkeit des Menschen auf, sich in Gedanken an fremde Orte zu versetzen. Sie sind täglich unzählige Male in Gedanken nicht in Ihrem Alltagskörper: Wenn Sie während Ihres Frühstücks Überlegungen über Ihr Tages-Arbeitsprogramm im Haushalt anstellen, wenn Sie bei der Fahrt zur Arbeit in Urlaubserinnerungen schwelgen oder wenn Sie sich in der wohlig warmen Badewanne vorstellen, wie schön es wäre, jetzt auf einer Südseeinsel unter Palmen zu liegen. Immer wenn Sie sich intensiv mit einem Thema beschäftigen, das sich außerhalb des Ortes abspielt, an dem sich Ihr Körper gerade befindet, praktizieren Sie Außerkörperlichkeit. Wenn Sie in einem Tagtraum schwelgen, wenn Sie sich erinnern, wenn Sie ein Buch lesen oder einem spannenden Film beiwohnen, begeben Sie sich mit Ihrem Bewusstsein an Orte, die meist sehr weit weg von Ihrem

Alltagskörper liegen. Auch diese Fähigkeit wollen wir kultivieren.

Übung zur Außerkörperlichkeit

Legen Sie sich bequem an Ihren Ort für luzide Träume, führen das Auszeiteingangsritual durch und entspannen sich. Führen Sie anschließend Ihr Leereritual durch. Ihr Geist ist nun völlig leer. Das einzige, dessen Sie sich bewusst sind, ist, dass es Sie gibt.

Nun stellen Sie sich vor, dass Sie sich an einem Ort befinden, den Sie sehr gut kennen: Ihr Wohnzimmer, Ihre Terrasse, Ihre Arbeitsstelle, das Restaurant um die Ecke, die Stelle im Wald, an der Sie immer so gut nachdenken können ... Seien Sie sich aber bewusst, dass Sie sich jetzt nicht mehr in Ihrer Alltagswelt befinden, sondern in einer Ihrer Vorstellungswelten. Sie sind jetzt sozusagen in einer Parallelwelt zu Ihrer Alltagswelt. Erwecken Sie das intensive Gefühl, dass es Sie in dieser Parallelwelt gibt. Spüren Sie, dass Sie <da sind>. Erleben Sie sich als selbstverständlichen Bestandteil dieser vorgestellten Welt. Zwar können Sie Ihre räumliche Umgebung noch nicht sehen, aber Sie können sich an diesem Ort gegenwärtig fühlen. Ihre bewusste Anwesenheit an diesem Phantasieort fühlt sich ähnlich an, wie wenn sie sich in völliger Dunkelheit mit Watte in den Ohren und zugehaltener Nase an dem selben Ort im Alltagsleben befänden. Zwar wissen Sie, wie es an diesem Ort aussieht und dass Sie sich mittendrin befinden. Sie können jedoch weder etwas sehen noch hören oder riechen. Üben Sie dieses Gefühl des „Daseins", bis es Ihnen völlig selbstverständlich ist.

Beenden Sie die Übung zur Außerkörperlichkeit, indem Sie Ihr Leereritual durchführen, sich dann Ihren friedlich da liegenden Alltagskörper vorstellen und in ihn hineinschlüpfen. Vollziehen Sie nun Ihr Auszeitenderitual, bewegen Ihre Gliedmaßen, schütteln Ihre Hände und Füße und stehen auf.

Vielen Menschen fällt die Vorstellung, sich außerhalb des eigenen Körpers aufzuhalten, schwer, weil sie sich absolut mit ihrem Körper aus Fleisch und Blut identifizieren. Wenn Sie Schwierigkeiten haben, sich überhaupt vorzustellen, dass Sie Ihren Körper verlassen können, dann beginnen Sie Ihre Übung mit einzelnen Körperteilen. Legen Sie sich bequem auf den Rücken, die Arme neben dem Körper. Nun stellen Sie sich vor, dass Sie einen Ihrer Arme bewegen, während Ihr „Alltagskörperarm" aus Muskeln, Haut, Nerven und Knochen in Wirklichkeit ruhig daliegt. Stellen Sie das intensive Gefühl her, dass Sie ihn heben und bewegen. Ihr Alltagskörperarm darf sich dabei nicht rühren. Beginnen Sie notfalls mit einzelnen Fingern. Weiten Sie diese Vorstellung auf beide Arme aus, dann auf den Kopf, den Rumpf und die Beine. Zu dieser Übung benötigen Sie keine absolute Leere. Probieren Sie es einfach einmal aus.

Erschaffen Sie sich Ihren luziden Traumkörper

Bisher ist Ihre Außerkörperlichkeit lediglich ein vages Gefühl, eine Art Gedanke. Diesen Gedanken gilt es nun mit Sinneserlebnissen zu füllen, um daraus schließlich Ihr schillerndes, persönliches Paradies aufzubauen. Der erste Schritt in Ihre luzide Traumwelt beginnt mit dem Erschaffen einer neuen Körperlichkeit.

Übung zum Aufbau des luziden Traumkörpers
Legen Sie sich bequem an den Ort für luzide Träume, führen Ihr Auszeiteingangsritual durch, entspannen sich und führen Ihr Leereritual durch. Versetzen Sie sich gedanklich an einen Ihrer Lieblingsorte. Nun stellen Sie sich vor, dass Sie nicht als bloße Gedankenform im Raum schweben, sondern dass Sie auch in Ihrer Gedankenwelt einen Körper haben mit Armen, Händen, Beinen, Füßen, einem Kopf und einem Rumpf – nämlich Ihren <Gedankenkörper>. Betrachten Sie diesen Gedankenkörper als den eigentlichen Körper Ihrer Gedankenwelt. Das geht am leichtesten, wenn Sie sich des Körpers, den Sie haben wollen, immer wieder vergewissern. Beginnen Sie mit einzelnen Körperteilen Ihres Phantasiekörpers zu üben. Spüren Sie intensiv Ihre Hände! Reiben Sie sie gegeneinander und entdecken, wie es sich anfühlt, wenn Sie mit der Fläche der einen Hand über den Rücken der anderen fahren. Spüren Sie Ihre (Phantasie-) Füße auf kaltem Stein, flauschigem Teppich oder heißem Sand! Berühren Sie Ihren Traumkörper

mit den Händen, streicheln ihn, lernen ihn kennen. Gehen Sie einige Schritte, springen in die Luft, schlagen einen Purzelbaum. Führen Sie alle Bewegungen durch, die Ihnen einfallen und Spaß machen. Hüten Sie sich jedoch zunächst vor Erlebnissen, die zu starken Gefühlen führen. Lassen Sie von erotischen Aktivitäten die Finger. Konzentrieren Sie sich vorerst auf einfache Erlebnisse: Gehen Sie auf bunten Blumenwiesen spazieren. Baden Sie in den warmen Fluten eines tropischen Meeres vor einer palmenbewachsenen Insel, oder wandern durch eine Sommergebirgslandschaft ...

Beenden Sie die Übung, indem Sie Ihr Phantasiekörpergefühl wieder zu dem Gedanken machen, aus dem es entstanden ist. Löschen Sie auch diesen Gedanken, indem Sie Ihr Leereritual durchführen. Dann stellen Sie sich Ihren friedlich am Ort für luzide Träume liegenden Alltagskörper vor und treten in ihn ein. Vollziehen Sie nun Ihr Auszeitenderitual, recken und strecken sich, schütteln Hände und Füße, bewegen Ihren Kopf und stehen auf.

Anfangs ist es nicht leicht, den Gedankenkörper zu bewegen, ohne dass sich der am Ort für luzide Träume ruhenden Alltagskörper mitbewegt. Möglicherweise werden beim Gehen mit Ihrem Traumkörper auch Ihre Alltagskörperbeine zittern oder die Stellung verändern. Möglicherweise wird Ihr Alltagskörper warm werden, vielleicht wird er sogar schwitzen. Mit konsequenter Übung verschwinden jedoch solche Erscheinungen.

Hüten Sie sich jetzt ganz besonders davor, Gefühlen und Empfindungen aus Ihrem Alltagskörper Aufmerksamkeit zu schenken. Ignorieren Sie sie! Ihr Alltagskörper ist das Tor zurück in die Alltagswelt. Jede Beschäftigung mit ihm öffnet dieses Tor. Jede Beachtung eines noch so schwachen Druck- oder Kitzelgefühl wird Sie unweigerlich aus Ihrer luziden Traumwelt herausreißen und in Ihre Alltagswelt zurückwerfen. Später, wenn Sie erfahrener im luziden Träumen sind, und wenn Ihre klaren Träume die nötige Stabilität erreicht haben, genügt es, die Aufmerksamkeit auf Ihren Alltagskörper zu lenken, um Sie in die Alltagswelt zurückzubringen.

Sie beherrschen die Übung der Außerkörperlichkeit, wenn Sie Ihren Gedankenkörper genauso intensiv und echt spüren, wie Ihren Alltagskörper, und wenn Sie sich mit Ihrem Gedankenkörper auf ähnlich natürliche Weise bewegen können, ohne dass Sie in Ihren Alltagskörper zurückgezogen werden. Meister in dieser Disziplin wird man gewöhnlich erst nach jahrelanger Übung.

Noch benommen von dem unerwartet intensiven Gefühl der zärtlichen Umarmung treten Sie vor die Hüttentür in den warmen Sonnenschein des prallen Sommervormittags und lassen Ihren Blick über das bunte Treiben der Steinzeitsiedlung schweifen. Mit Fellen und groben Leinen bekleidete Frauen und Männer stampfen Korn in Steintrögen, drehen die Spindel, bessern Waffen aus oder sitzen einfach nur da und unterhalten sich. Als Sie Ihre Hütte verlassen und sich den Steinzeitmenschen nähern, unterbrechen die Männer und Frauen ihre Arbeit und blicken demütig und schüchtern, zu Boden.

Langsam schreiten Sie auf dem schmalen Holzsteg bis zur zentralen Feuerstelle aus kreisförmig angeordneten Steinen und sehen sich um. Neunzehn Hütten sind im Halbkreis um die Feuerstelle angeordnet. Etwas abgesetzt von den übrigen, mannshohen Gebäuden aus Holz und Lehm, näher an der Feuerstelle, steht eine größere, vollkommen aus dicken Holzbalken erbaute Hütte. Zwei Pfähle mit knöchernen Bärenschädeln zieren ihren Eingang. Alle Hütten ruhen auf Fundamenten aus Stein und Holz.

Jenseits der Feuerstelle beginnt ein ausgedehntes Sumpfgebiet, in dessen grüngelben Schilfbewuchs der milde Sommerwind bizarre Figuren zeichnet. Dahinter glitzert und funkelt die blaue Wasserfläche der Donau.

Sie spüren, wie eine Hand zärtlich über Ihren Nacken fährt, kurz auf Ihrer Schulter ruht, um Ihnen den Kopf zu streicheln.

„Wir hatten große Angst um dich, Mogliar. Es ist schon sehr lange her, seit du uns verlassen hast. Dein Kristall ist bereits bei meinem Vater".

Verwundert drehen Sie sich um und blicken in die gleichen lieben Augen, die Sie bereits an der Hüttentür anstrahlten.

„Welcher Kristall? Wer bist du?..."

Gefühlvoll aber mit Nachdruck legt sie ihre Hand auf Ihren Mund. „Bitte frag nicht. Noch nicht! Reisen in die Welt der Allgemeinheit hinterlassen tiefe Wunden in der Seele. Heute am Abend wird dich mein Vater, unser weiser und geliebter König Semlet, wieder in deinen ursprünglichen Stand einsetzen. Entspanne dich und freue dich!"

Sie nimmt die Hand von Ihrem Mund und streichelt Ihnen Wangen, Stirn und Nacken. Sie genießen jede ihrer Berührungen und Ihnen wird klar, dass Sie sich eine halbe Ewigkeit danach gesehnt haben.

Immer noch mit der Hand an Ihrem Nacken, setzt sie sich ins Gras und zieht Sie sanft zu sich hinab.

„Deine Reise in die Welt Allgemeinheit war sehr mutig, aber auch gefährlich. Ein Wunder, dass du wieder zu uns zurück gefunden hast."

Gerade kommen einige mit Speeren bewaffnete junge Männer aus einer der Hütten. Beim Vorbeigehen verbeugen sie sich vor Ihnen und Ihrer hübschen Begleiterin und murmeln: „Selig seiest du, Mogliar!" ...

Wenn bei der Außerkörperlichkeit Alltagsempfindungen stören

Gerade zu Beginn Ihrer Übungen zur Außerkörperlichkeit werden Sie von Gefühlen aus Ihrem Alltagskörper überschwemmt: Plötzlich kitzelt es in der Nase, die Füße werden kalt und die Arme liegen auch irgendwie unbequem. Lassen Sie nicht zu, dass solche Empfindungen Ihnen Aufmerksamkeit und Kraft rauben! Machen Sie sich klar, dass diese Störungen aus einer anderen Welt kommen, nämlich der Alltagswelt, die Sie gerade verlassen haben. Wenn Sie Empfindungen verspüren, die von Ihrem bewegungslos da liegenden Alltagskörper ausgehen, beispielsweise den Druck der Unterlage im Rücken oder ein Kitzeln des Kopfkissens am Ohr, dann verorten Sie diese Gefühle in dem Körper, den Sie friedlich vor sich liegen sehen. Schicken Sie jedes Kitzeln und jedes Druckgefühl sofort wieder in Ihren Alltagskörper zurück. Seien Sie sich klar, dass der Druck und das Kitzeln nur den still da liegenden Körper betreffen und nichts mit Ihnen zu tun haben, denn Sie befinden sich jetzt außerhalb Ihres Körpers in einer ganz anderen Welt.

Verfahren Sie ebenso mit akustischen Reizen. Wenn Sie ein Geräusch hören, das aus der Welt Ihres Alltags kommt, beispielsweise das Knistern des Kopfkissens, Ihren Herzschlag oder ein auf der Straße vorbeifahrendes Auto, dann seien Sie sich bewusst, dass nicht Sie dieses Geräusch hören, sondern Ihr Alltagskörper mit seinen Alltagsohren. Werden

Sie sich klar darüber, dass der Grund für dieses <Überschlagen> von Empfindungen und Reizen aus der Alltagswelt in Ihre Phantasiewelt in einer ungenügenden Trennung beider Welten liegt. Möglicherweise funktioniert Ihre Unterdrückung von Geräuschen noch nicht perfekt genug.

Gewöhnen Sie es sich bei Ihren Phantasieweltreisen an, alle Sinnesempfindungen aus der Welt Ihres Alltagskörpers wieder auf Ihren Alltagskörper zurückzuwerfen. Mit der Zeit wird dieser Vorgang automatisch ablaufen, ohne dass er Sie Kraft kostet und ohne dass Sie überhaupt noch etwas davon bemerken.

Es ist Abend geworden in Ihrer neuen Lebenswelt in der Steinzeitsiedlung am Schilfgürtel der Donau. Den ganzen Tag haben Sie verbracht mit Ausruhen und Erkunden der Umgebung des Dorfes. Sie sind über blühende Wiesen gelaufen, haben in der nahe gelegenen Donau gebadet, auf Grasmatten in Ihrer Hütte geschlafen, sind am stets behüteten Feuer gesessen und haben Kindern zugesehen, wie sie spielend den Umgang mit Pfeil und Bogen übten.

Und immer mussten Sie an Dania denken, ihre liebevolle Umarmung, und ihr Versprechen, dass Sie heute Nacht die Antwort auf all Ihre Fragen erhalten würden.

Luzides Klarsehen

Wenn Sie alle bisherigen Übungen mit Erfolg absolviert haben, sind Sie jetzt in der Lage, sich bewusst in einer Phantasiewelt mit Ihrem Phantasiekörper frei zu bewegen. Dennoch erscheint Ihnen diese Welt noch recht dürftig, denn Sie können noch nichts sehen, hören, fühlen, riechen und schmecken. Auch diese Sinne lassen sich erwecken und bis zur Perfektion steigern, so dass schließlich die luzide Welt bunter und großartiger erstrahlt als die Welt des Alltags.

Unser wichtigster Sinn ist der Gesichtssinn. Er lässt sich relativ leicht erwecken. Als besonders effektiv zur Öffnung der Phantasiewelt-Augen hat sich die Blumenfarbenmethode herausgestellt.

Die Blumenfarbenmethode: Übung zur Erweckung des luziden Gesichtssinns

Legen Sie sich bequem an Ihren Ort für luzide Träume, führen Ihr Auszeiteingansritual durch, entspannen sich, führen Ihr Leereritual durch, stellen Außerkörperlichkeit her und begeben sich in eine Ihrer Phantasiewelten. Nun wählen Sie fünf verschiedene Farben, beispielsweise rot, grün, blau, gelb, lila. Denken Sie sich diese Farben zunächst nur als Worte <rot>, <grün>, <blau> usw. Merken Sie sich die Reihenfolge der Farben. Dann beginnen Sie, sich die erste Farbe in Form einer Blüte vorzustellen: Erschaffen Sie vor Ihren Augen eine rote Rose mit leuchtenden Blütenblättern. Möglicherweise fällt es

Ihnen anfangs schwer, überhaupt eine Farbe zu erkennen. Dann versuchen Sie auf alle Fälle, sich eine farblose Rose vorzustellen. Suchen Sie sich zwei Punkte auf der Rose (beispielsweise die beiden einander gegenüberliegenden Ränder der Blüte) und blicken mit Ihren geistigen Augen schnell zwischen ihnen hin und her. Auf diese Weise können Sie die Intensität und Leuchtkraft Ihrer Vorstellung in kurzer Zeit enorm steigern. Meist stellt sich mit der Klarheit Ihrer Vorstellung das Erleben von Farben von selbst ein.

Falls die Rose nicht rot werden will, dann erschaffen Sie auf oder neben der Rose eine Vorstellung, die typischerweise rot ist, beispielsweise einen Marienkäfer, der über die Blüte läuft, oder einen kleinen Tropfen Blut. Oder Sie wechseln zu einer Blume, für die eine bestimmte Farbe typisch ist: beispielsweise rot – Klatschmohn, blau – Enzian, gelb – Löwenzahn.

Sobald Sie die farbige Blüte deutlich vor Ihren geistigen Augen sehen, so als ob sie in voller Pracht im Sonnenlicht vor Ihnen stände, gehe Sie zur nächsten Farbe über. Um die Farbe grün mit Ihren luziden Augen zu sehen, betrachten Sie den Stiel der Rose mit Blättern und Dornen. Achten Sie auf die unterschiedlichen Schattierungen von Grün, schwelgen Sie in dem Farbspiel der glänzenden Blätter im Sonnenlicht und gehen über zur nächsten Farbe. Stellen Sie sich eine Kornblume vor, mitten in einem reifen Kornfeld, dann gelbe Dotterblumen am Rand eines Gebirgsbachs, dann einen violetten Fliederstrauch mit lila Schmetterlingen auf seinen Blütentrauben ...

Beenden Sie die Blumenfarbenübung, indem Sie den Blüten ihre Farbe nehmen und sie zu bloßen Gedanken reduzieren. Löschen Sie auch diese Gedanken indem Sie Ihr Leereritual durchführen. Dann stellen Sie sich Ihren friedlich am Ort für luzide Träume liegenden Alltagskörper vor und treten in ihn ein. Vollziehen Sie Ihr Auszeitenderitual, recken und strecken sich, gähnen, schütteln Hände und Füße, bewegen Ihren Kopf und stehen auf.

Wenn Probleme bei der Blumenfarbenübung auftreten:

Wenn Sie die Vorübungen gewissenhaft durchgeführt haben, sich richtig entspannt und die Reize der Alltagswelt vollkommen ausgeblendet haben, können Sie bereits bei der Vorstellung der ersten Blüte klare Seheindrücke erleben. Dieser beginnende luzide Zustand ist jedoch noch nicht stabil genug, um daraus ein ganzes persönliches Paradies aufzubauen. Führen Sie daher auf alle Fälle die Blumenfarbenübung regulär bis zur letzten Farbe zu Ende. Brechen Sie sie nicht vorzeitig ab. Sie schenkt Ihnen jetzt bereits einen Hauch nie gekannter Freude. Die leichte und übernatürliche Klarheit der Farben wird urplötzlich ein großartiges Glücksgefühl in Ihnen auslösen, das so stark sein kann, dass es Sie aus Ihrer Konzentration heraus wirft – mit anderen Worten, Sie verlieren an Konzentrationstiefe und wachen auf. Dann warten

Sie einen Tag, bis Sie die Blumenfarbenübung wiederholen.

Die folgenden Probleme treten bei der Blumenfarbenübung häufig auf:

- Es gelingt Ihnen nicht, aus der einmal eingeleiteten Leere heraus optische Vorstellungen aufzubauen.
- Sie sehen überhaupt nichts.
- Ihre Vorstellungen bleiben blass und farblos.
- Sie schlafen während der Blumenfarbenübung ein.

Wenn Ihnen die Farb-Phantasien absolut nicht gelingen wollen, ist möglicherweise Ihr Zustand der Gedankenleere zu tief. Dann fällt es Ihnen schwer, überhaupt die Vorstellung von Farben einzuleiten. Sie haben das Gefühl in der Leere gefangen zu sein. Luzide Träumer sprechen in so einem Fall vom Gefühl des <Einbetoniertseins in die Leere>. Wenn Sie das Gefühl haben, im Zustand der Gedankenleere gefangen zu sein, dann brechen Sie Ihre Blumenfarbenübung ab und versuchen Ihre Phantasiewelt auf regulärem Wege (über Ihr gewohntes Ritual) zu verlassen. In den meisten Fällen jedoch endet das Gefangensein in der Leere mit dem Einschlafen. Es ist ein typisches Anfängerproblem und verliert sich mit der Erfahrung im luziden Träumen.

Eine andere Folge von sehr tiefer Leere ist das Vergessen der Reihenfolge der Farben, bis hin zu einem totalen Erinnerungsverlust über das ganze Vorhaben.

Auch in diesem Falle endet Ihr luzider Traum spontan oder Sie schlafen ein, je nachdem, wie müde Sie gerade sind.

Um herauszufinden, ob Ihre Gedankenleere zu tief ist, sollten Sie ein wenig mit den Eingangsvoraussetzungen zur Blumenfarbenübung spielen. Versuchen Sie beispielsweise das Training einmal ohne vorherige absolute Leere und Außerkörperlichkeit durchzuführen. Gelingen Ihnen dieses Mal die Sehphantasien besser, dann starten Sie in Zukunft mit schwächerer Leere in Ihre luzide Traumwelt. Sie müssen dann nur auf der Hut sein, dass Sie nicht von unkontrollierten Gedanken aus Ihrer Phantasiewelt geworfen werden.

Selbst wenn Ihnen die Blumenfarbenmethode ohne vorherige Leere-Übung besser gelingt – üben Sie dennoch den Aufbau der absoluten Leere unabhängig von der Einleitung der Luzidität weiter, denn beim Rückweg aus der luziden Nachtodeswelt in Ihre Alltagswelt werden Sie die Leere auf alle Fälle brauchen.

Wenn Ihnen während der Blumenfarbenübung absolut keine Phantasien von Farben und Formen gelingen wollen, ist möglicherweise Ihr optisches Vorstellungsvermögen nicht ausreichend entwickelt. In diesem Falle sollten Sie im Wachzustand die Vorstellung von Gegenständen üben: Betrachten Sie einige Sekunden einen einfachen Gegenstand (etwa eine Streichholzschachtel, einen Kugelschreiber oder eine Münze), schließen die Augen und versuchen, das Nachbild des Gegenstandes möglichst lange im Bewusstsein zu halten. Nach einigen Übungsstunden sollten Sie in der Lage sein, das entsprechende Objekt auch aus der Erinnerung heraus mit den geistigen Augen zu sehen. Meist genügt bereits die Vorstellung des winzig schwachen Hauchs einer Farbe, um daraus im Laufe einer stetigen Anreicherung und Perfektionierung prächtige luzide Welten hervor zu bringen.

Die Blumenfarbenübung eignet sich ausgezeichnet als Auftakt zu wunderschönen luziden Wanderungen: Wenn Sie vor Ihren inneren Augen einen lila Fliederbusch erschaffen und Ihr Augenmerk auf seinen Hintergrund richten, können Sie sich einen Garten vorstellen, in dem der Fliederbusch an einem sauber gefegten Weg blüht. Folgen Sie dem Weg zur bunten, gläsernen Haustür und wagen sich in das Innere des Hauses. Sehen Sie sich um ...

Sie können sich auch eine gelbe Dotterblume vorstellen, die an einem klaren Bächlein steht, und dem gurgelnden Wasser durch Wald und Wiesen folgen. Oder Sie stellen sich einen blauen Enzian vor, der hoch im Gebirge an einer steilen Felswand wächst. Genießen Sie den Ausblick ins Tal unter Ihnen, die von hier oben klein erscheinenden Straßen und Häuser, die schneebedeckten Gipfel vor blauem Himmel in weiter Ferne. Erheben Sie sich und fliegen wie ein Vogel wohin Sie wollen!

Vermeiden Sie es bei der Blumenfarbenübung einzuschlafen. Sonst würde sie sich zu einem Einschlafritual entwickeln. Beginnen Sie mit Ihren Übungen nicht, wenn Sie schläfrig sind. Spätestens nach dem dritten Einschlafen während einer Übung sollten Sie den Übungstermin auf eine andere Tageszeit verlegen.

Die Nacht ist hereingebrochen über der Steinzeitsiedlung am Schilfgürtel der Donau. Erwartungsvoll liegen Sie auf dem mit Heu und Tierhaaren gefüllten Fellkissen in der Schlafecke Ihrer Hütte. Durch die halbgeöffnete Tür sehen Sie zwei älteren Männern zu, die neben der Feuerstelle kunstvoll einen Holzstoß in Form einer Pyramide aufschichten. Dahinter, an der vom Feuer abgewandten Seite, machen sich mehrere Personen an einem Gewirr aus Baumstämmen und flachen Steinen zu schaffen.

Aus dem nahen Schilfgürtel, der das Dorf zum Fluss hin begrenzt, erklingt ein tausendfältiges Froschgequake in den unterschiedlichsten Tonlagen. Die kühle, nach Fluss und Wald duftende Luft mischt sich mit dem leckeren Aroma frischen Fladenbrotes und gebratener Knollen. Von einer weiteren Feuerstelle, die Sie von Ihrer Hütte aus nicht sehen können, zieht harziger Rauch über den Vorplatz.

Von draußen erklingen schnelle, leichte Schritte. Die Tür Ihrer Hütte öffnet sich ganz, gibt dem silbernen Licht des Vollmondes den Weg ins Hütteninnere frei und bietet Ihnen den bezaubernden Anblick der vor der Tür stehenden Dania. Ihr offenes Haar wird vom Widerschein der rotgelben Glut einer nahen Feuerstelle zum Leuchten gebracht und vom silbernen Licht des Mondes gekrönt.

Sie streckt Ihnen die Hände entgegen. „Komm, mein lieber Mogliar. Lass uns schwimmen gehen!"

Draußen hat das Mondlicht die Landschaft in ein silbernes Märchenland verwandelt. Begleitet von den freundlichen Blicken der am Holzstoß arbeitenden Männer, laufen Sie beide, leicht und jung, durch taubenetztes Gras barfüßig zum Schilf. Neben der alten Weide teilt Dania das Schilf und weist mit der Hand auf die im Mondschein schillernde, an manchen Stellen von einem leichten Nebelschleier bedeckte Wasserfläche der Donau. Vor Ihren Füßen beginnt ein schmaler Steg aus Baumstämmen, der weit ins Schilf hinaus führt.

Sie bücken sich, tauchen Ihre Hand ins seichte, saubere Wasser, fühlen die angenehme Kühle, und atmen tief durch. Das Geräusch des von Ihrer Hand tropfenden Wassers, die Tierstimmen des Sommernachtsschilfgürtels und das leise Rauschen und Gurgeln des Flusses erscheinen Ihnen so ungewohnt harmonisch, dass Sie unwillkürlich versucht sind, nach einem tieferen Sinn in dieser wundervollen Komposition zu suchen.

Sanft berührt Sie Danias Haar. „Lass uns schwimmen gehen, Liebster".

Erfrischendes Wasser benetzt Sie, trägt Sie langsam von dem Steg weg, auf dem Ihre Kleider liegen. Mit vorsichtigen, beinahe lautlosen Schwimmstößen gleiten Sie weiter auf den breiten Fluss hinaus, hören, wie langsam die Geräusche des Waldes und des Schilfes leiser werden. Im silbernen Mondlicht trägt Sie der träge Strom langsam und still mit sich fort. Sie spüren, wie sich Dania an Sie schmiegt, Sie um-

armt, Sie unter der im Mondlicht glitzernden Was-
seroberfläche mit ihren Beinen umfängt.
  „Das Fest heute Nacht findet zu deinen Ehren statt,
Mogliar. Ohne deinen Mut würde es uns nicht mehr
geben!"

Luzides Klarhören

Die bunten Erlebnisse in der luziden Phantasiewelt
erschöpfen sich nicht in Körpergefühl und Sehen. Ein
Bachlauf in absoluter Stille oder eine Meeresbran-
dung ohne jegliches Geräusch wirken leblos, öde und
leer. Ein Sturm, der die Kleidung am Leib flattern
lässt, ohne dass man etwas davon spürt, kann nicht
das Gefühl von Kraft vermitteln, und eine Sommer-
abendstimmung an einem Gebirgssee ohne den typischen Geruch nach Wiesen, Wald und Wasser wirkt
unwirklich. Wenn Sie sich bereits problemlos in Ihrer
Phantasiewelt aufhalten können und alles was Sie
sehen möchten klar und bunt sehen können, dann
sollten Sie nach und nach weitere Sinnesempfindungen zu luzidem Leben erwecken.

<u>Übung zur Bereicherung der luziden Welt mit Geräu-
schen und Klängen</u>
Begeben Sie sich an Ihren Ort für luzide Träume,
vollziehen Ihr Auszeiteingangsritual und entspannen

sich. Leiten Sie die absolute Leere ein und stellen sich einen klaren Gebirgsbach vor. Erleben Sie das Glitzern der bewegten Wasseroberfläche im Sonnenlicht, erkennen grüne Wasserpflanzen in glasklarem seichten Nass, beobachten, wie Wasser über Steine fließt, sich in einer Fontäne aus weißem Gischt über einen Felsen stürzt, millionenfach regenbogenfarbene Farbtröpfchen versprüht und sich wieder sammelt, um über die nächste Felskante zu fließen. Sehen Sie das Bild klar vor sich? Nun begleiten Sie das sich bewegende Wasser mit einem Glucksen und Rauschen, und einem Plätschern und Tröpfeln. Lassen Sie diese Geräusche einfach zu.

Auch Musik ist ein guter Aufhänger zur Ausbildung des luziden Klarhörens. Stellen Sie sich Musikinstrumente vor und hören wie sie klingen. Stellen Sie sich eine Trommel vor und lassen den Schlegel auf das Fell treffen. Beobachten Sie, wie flinke Finger über Gitarrenseiten gleiten und hören den Akkord.

Stellen Sie sich ein Auto vor, eine Eisenbahn, ein Flugzeug und hören dem Motorengeräusch zu. Stellen Sie sich die Stimmen von Menschen vor. Lauschen Sie der Musik, dem Gesang, einer Ansprache.

Achten Sie bei den luziden Hörübungen ganz besonders auf Ihren Wachheitsgrad. Passen Sie auf, dass die regelmäßig sich wiederholenden Geräusche, beispielsweise der monotone Klang einer Glocke oder das beruhigende Meeresrauschen, Sie nicht müde machen. Sie würden einschlafen und hätten es bei Ihren nächsten Klarträumen schwerer, wach zu bleiben.

Beenden Sie die Übung zur Bereicherung der luziden Welt mit Geräuschen und Klängen, indem Sie alle Hör- und Sehphantasien zu bloßen Gedanken reduzieren. Löschen Sie auch diese Gedanken, indem Sie Ihr Leereritual durchführen. Dann stellen Sie sich Ihren friedlich am Ort für luzide Träume liegenden Alltagskörper vor und treten in ihn ein. Vollziehen Sie Ihr Auszeitenderitual, recken und strecken sich, gähnen, schütteln Hände und Füße, bewegen Ihren Kopf und stehen auf.

Luzides Erleben mit allen Sinnen

Mit dem luziden Körpergefühl sowie dem Klarsehen und Klarhören stehen Ihnen bereits die wichtigsten Sinne für wundervolle Erlebnisse in Ihrem persönlichen Paradies zur Verfügung. Für vollkommen echte luzide Erlebnisse in Ihrer Phantasiewelt fehlen nur noch das Tastempfinden, das Gefühl von Schwere, Temperaturempfindungen, sowie Geruch- und Geschmackseindrücke. Die meisten dieser Empfindungen stellen sich in Ihrer luziden Traumwelt von selbst ein. Wenn Sie in Ihrem persönlichen Paradies mit nackten Füßen das eine Mal über einen flauschigen Teppich laufen und ein anderes mal über kalte Fliesen, dann haben Sie ganz unterschiedliche Tastempfindungen. Wenn Sie an einem Apfel riechen und dann hinein beißen, stellen sich die Phantasieerlebnisse des Geruchs und Geschmacks ein. Zwar sind auch diese Empfindungen zunächst nur schwach. Sie lassen sich jedoch durch regelmäßiges Üben vertiefen. Sie lernen in Ihrer luziden Welt zu handeln und zu empfinden, wie ein Kleinkind in seinen ersten Monaten sehen, hören, sprechen und laufen lernt. Da sich alle Sinneseindrücke und Gefühle in Ihrer Vorstellungswelt abspielen, verstärken sie sich mit jeder Übung gegenseitig.

Übung zur Bereicherung der luziden Welt mit weiteren Sinnen

Begeben Sie sich an Ihren Ort für luzide Träume, führen Ihr Auszeiteingangsritual durch und entspannen sich. Leiten Sie die absolute Leere ein und tauchen ein in Ihre luzide Welt.

Stellen Sie sich vor, dass Sie auf einer wunderschönen Insel im Indischen Ozean im Schatten hoher Palmen liegen, den Wind auf der Haut spüren und die nahe Brandung hören. Nun stehen Sie auf und verlassen den schattigen Bereich der hohen Palmen. Gehen Sie barfüßig zum Strand. Fühlen Sie den Sand unter Ihren Füßen und spüren die Sonnenstrahlen auf Ihrer Haut! An der Brandung angekommen, stellen Sie sich zunächst wieder in den Schatten der Palmen, deren leuchtend grüne Blätter sich in der milden Tropenluft träge vor dem Blau des Himmels wiegen. Lassen Sie Ihre Füße von Wellen umspülen und Ihre Waden benetzen. Atmen Sie die gesunde, salzige Luft tief in Ihre nach Erholung lechzende Brust. Und dann springen Sie hinein in das erfrischende, klare

Nass, hören das Gurgeln der Fluten, lassen sich von den nach Salz schmeckenden Wellen schaukeln. Blicken Sie zurück zur Insel und erfreuen sich an dem strahlenden Weiß des Strandes, dem saftigen Dunkelgrün der Palmen und dem heiteren Blau des Tropenhimmels. Fühlen Sie sich unendlich wohl!

Beenden Sie Ihre Übung, indem Sie alle Phantasien zu bloßen Gedanken reduzieren, Ihr Leereritual durchführen und sich Ihren friedlich am Ort für luzide Träume liegenden Alltagskörper vorstellen. Treten Sie in diesen Körper ein und vollziehen Ihr Auszeitenderitual. Recken und strecken Sie sich, gähnen, schütteln Hände und Füße, bewegen Ihren Kopf und stehen auf.

Die Vorbereitungen für das Fest zu Ihren Ehren sind abgeschlossen. Sie spüren noch die Kühle des Bades in der Donau auf Ihrer Haut, als Sie vor Ihre Hütte treten. Zwei in Bärenfelle gehüllte Männer mit kapuzenartig geflochtenen Grasmützen stehen bereit, um Sie zu dem gerade fertig gestellten Holzpodest neben der Feuerstelle zu geleiten. Ein hoch gewachsener, kahlköpfiger, muskulöser Mann mit nacktem Oberkörper hält in seinen Händen einen Umhang aus Leinen, in dessen Außenseite dicht an dicht schwarze und weiße Federn genäht sind. Die Federn bilden ein horizontales Zickzackmuster, wie Sie es schon öfter an steinzeitlichen Keramiken in der archäologischen Abteilung des Wiener Museums für Naturgeschichte gesehen haben. Der muskulöse Hüne wirft Ihnen den Umhang über die Schultern und deutet Ihnen, ihm zu folgen.

Vor einer Reihe von Sitzen aus rohen Baumstämmen bleibt der kahlköpfige Hüne stehen. Auf den drei hinteren Reihen kauern allerlei in Felle gekleidete Gestalten, unter denen Sie im silbernen Licht des Vollmondes einige Mitglieder des Stammes wieder erkennen. Weiter vorne, von den Sitzreihen aus rohen Baumstämmen abgehoben, befinden sich vier mit Fellen bedeckte Holzsitze. Auf den beiden rechten, etwas erhöht stehenden Sitzen thronen zwei in schwarze Leinenumhänge gehüllte, Ehrfurcht einflößende Personen. Ihre Körperhaltung vermittelt Wichtigkeit und Macht. Von den linken beiden, etwas nach hinten versetzten, mit Fellen gepolsterten Holzsitzen ist der äußere noch frei. Auf dem inneren Sitz erkennen Sie eine hoch gewachsene, in dunkle Leinen gehüllte Gestalt. Der Überwurf, den sie trägt, ähnelt Ihrem; nur das Schwarzweißmuster aus Vogelfedern ist genau spiegelbildlich angeordnet.

Sie setzen sich auf den freien Sitz, atmen den Duft des glimmenden Räucherholzes und spüren ein erwartungsfrohes Zittern in Ihrer Brust. Sie genießen die Vorfreude auf das Fest zu Ihren Ehren und blicken verträumt zum Mond, der hin und wieder von dunklen, rasch am Himmel vorbeiziehenden Wolken verdeckt wird.

Der Hüne ergreift ein Holzscheit, hält es für Momente in die Glut eines Feuers und schiebt es dann, an der Spitze brennend, unter einen mannshohen

Holzstoß, der in der Mitte des zum Schilfgürtel hin offenen Platzes steht.

Mit dem auflodernden Feuer beginnt sich die Szenerie zu erhellen. Selbst die Bäume des nahe gelegenen Waldes scheinen sich im Widerschein der unruhig flackernden Flammen zu bewegen. Ein Raunen ertönt von den hinteren Bankreihen.

Durch eine Art Steinkamin werden die Flammen zur Seite gelenkt. An der Vorderseite des Kamins, direkt gegenüber den Sitzreihen, befindet sich eine kleine Öffnung, aus der jetzt brennende Zweige fallen und mit Gezische im Tau des Grases verlöschen.

Mögliche Probleme während luzider Exkursionen

Wenn Ihnen der Aufenthalt in der luziden Welt einmal unangenehm, langweilig oder gefährlich erscheint, können Sie sich jederzeit in Ihren Körper aus Fleisch und Blut zurückziehen. Diese Möglichkeit haben Sie bei Nachtodeserlebnissen nicht. Probleme während luzider Exkursionen sind nicht gefährlich, sondern lästig. Durch Vorsicht und Übung lassen sich die meisten Problemsituationen entschärfen.

Sehr lästig bei luziden Exkursionen ist eine mangelhafte Entkoppelung der Bewegungen des luziden

Traumkörpers von den Bewegungen des scheinbar schlafend am Ort für luzide Träume ruhenden Alltagskörpers. Wenn sich Ihr luzider Arm bewegt, darf sich der Arm Ihres Alltagskörpers nicht mitbewegen. Wenn Sie in Ihrem Phantasiekörper den Atem anhalten, darf Ihr Alltagskörper nicht aufhören zu atmen.

Ich habe die Wirkung von Aktivitäten des luziden Körpers auf den Alltagskörper an anderer Stelle bereits als <Traumwarmlaufen> beschrieben: Bei Untersuchungen der Körper luzider Träumer ließ sich während der luziden Exkursionen eine deutliche Erhöhung der Temperatur derjenigen Körperteile feststellen, die im luziden Traum aktiv waren. Nachdem beispielsweise eine Person angefangen hatte, in ihrem luziden Traum zu laufen, begann die Temperatur ihrer Beine und Füße anzusteigen.

Da es bei schwierigen oder emotional belastenden luziden Situationen zu einem Anstieg der Pulsfrequenz kommt, sollten Personen mit krankem Herzen in der ersten Zeit ihrer luziden Exkursionen auf allzu spannende Erlebnisse verzichten. Als zu aufwühlend für einen herz- und kreislaufkranken luziden Träumer können sich beispielsweise Kontakte mit Verstorbenen, Erscheinungen schauriger Wesen, Zustände extremer Glückseligkeit und Erlebnisse sexueller Art erweisen.

Da sich in luziden Träumen Ängste meist als Teile der Traumsituation verkörpern, sollten seelisch unausgeglichene Personen mit emotional belastenden, luziden Nachtodessituationen behutsam umgehen. Sicherheitshalber sollten sie Rücksprache mit einem Therapeuten halten.

Vorsicht bei luziden Nachtodeserfahrungen sollten weiterhin Menschen walten lassen, die sich einer Hypnose unterzogen haben. Der Handlungsablauf luzider Träume basiert auf den Inhalten des persönlichen Wissensvorrates. Gerade während luzider Erlebnisse tauchen oft fragwürdige Bestandteile der persönlichen Lebenserfahrung auf und manifestieren sich als ungeplante Elemente der luziden Traumhandlung. Fremdsuggestionen aller Art sind immer fragwürdig.

Besonders fragwürdig, weil für die Person unerklärlich, sind jedoch hypnotische Formeln. Es ist durchaus möglich, dass die während der Hypnose gesetzte Suggestion durch luzide Erlebnisse wieder aktiviert wird. Für die träumende Person würden sich möglicherweise Widerstände aufbauen, deren Ursachen sie weder begreifen noch beseitigen könnte. Falls Sie sich jemals einer Hypnose unterzogen haben, holen Sie sich noch einmal alle Umstände der damaligen Situation ins Gedächtnis. Versuchen Sie sich an das Gesicht des Hypnotiseurs und an die Gesichter der anderen während der Hypnose anwesenden Personen zu erinnern. Falls Ihnen diese Personen in Ihren luziden Träumen begegnen, sind Sie auf ihr Erscheinen und Handeln vorbereitet und können sie notfalls aus der luziden Traumhandlung ausschließen. Wenn möglich, wenden Sie sich an den Hypnotiseur und fragen ihn nach dem genauen Wortlaut der damaligen hypnotischen Suggestionsformel.

Unvorhersehbare Probleme in luziden Traumhandlungen lassen sich nie ganz vermeiden. Sie lassen sich jedoch reduzieren durch das Aufstellen eines Handlungsplanes.

Im Schein des hell lodernden Feuers beginnt der kahlköpfige Hüne zu tanzen; zunächst nur rhythmisch, ein Bein auf den Boden stampfend, dann sich drehend und schließlich mit ruckartigen Bewegungen um das Feuer springend, stets von einem rasselnden Geräusch aus den hinteren Zuschauerreihen begleitet.

Nach drei stampfenden und drehenden Umrundungen des Feuers verharrt der Kahlköpfige regungslos vor der Stelle, an der durch die Öffnung zwischen zwei Steinen rote Glut schimmert. Mit grunzenden und schmatzenden Lauten greift er unter seinen Lendenschurz, holt eine weiße, krümelige Masse hervor, zerreibt sie zwischen seinen Händen und wirft sie mit einem spitzen Schrei in die Glut. Gleißende Flammen schießen hervor, erhellen blitzartig die Szene, lassen Hütten und Wald plötzlich ganz nahe erscheinen. Zwischen den Bäumen steigt erschreckt ein Vogel auf.

Mit dem Schrei erheben sich die beiden erhöht sitzenden, in schwarze Leinen gehüllte Personen und streifen ihre Kapuzen ab. Sie erkennen den greisen König Semlet und Nadea, seine Gattin. Die Eltern von Dania. Langsam schreitet der altersgraue, Ehrfurcht einflößende Herrscher auf Sie zu und legt seine Hände auf Ihre Schultern: „Schön, dass du wieder aus der Welt der Allgemeinheit zurückgekehrt bist, mein Sohn."

Wieder stößt der Kahlköpfige einen spitzen Schrei aus, greift unter seinen Lederschurz und holt, zu Ihrer großen Überraschung, den Faustkeil hervor, den Sie die ganze Zeit Ihres Weges vom Kahlenberg durch den Sommerwald bis zur Steinzeitsiedlung bei sich getragen haben. Er hält ihn hoch über seinen Kopf, dreht sich einige Male tanzend um das Feuer und legt ihn in die Öffnung der Feuerstelle, an der zwischen zwei Steinen rote Glut zu sehen ist.

Während der kahlköpfige Hüne noch einige Male schreiend und grunzend um das Feuer springt, um dann in der Dunkelheit hinter den Hütten zu verschwinden, beginnt Ihr Faustkeil im Feuer zu glühen und orangerot zu leuchten. Bald wechselt das Licht zu blaugrün und strahlt intensiver als das des Feuers.

Ein erstauntes Raunen ist zu hören, mischt sich mit dem fernen Donner eines nahenden Gewitters. Nach und nach kommen die in Felle und grobe Leinen gekleideten Stammesmitglieder nach vorne und scharen sich um Sie und König Semlet.

Der greise König hebt mit Tränen der Freude auf den Wangen die Arme: „Volk von Tamira, Geschöpfe des Flusses. Die Zeit des Wartens ist zu Ende. Mogliar hat sein wahres Leben aufs Spiel gesetzt, um für uns eine Spur in die Welt der Allgemeinheit zu legen. Unser Wissen wird aufs neue bereichert werden. Wir werden nicht im Nichts verschwinden."

Semlet verharrt einen Augenblick. Seine wachen Augen blicken argwöhnisch in Richtung Wald. Ein heftiger Windstoß bläht seine schwarzen Umhang auf und trägt Funken aus dem Feuer weit in den Nachthimmel.

„Lasst uns nun, jeder von uns und jeder für sich, Bekanntschaft mit dem Stein aus der Welt der Allgemeinheit machen. Jeder soll die Glut des Wissens auf seinen Wangen spüren. Kommt näher, Volk von Tamira".

Ein mächtiger Blitz erhellt die Nacht, schlägt irgendwo ganz in der Nähe ein. Zugleich beginnt es in Strömen zu regnen. Ungeheuere Wassermassen ergießen sich vom Himmel, kämpfen mit dem sich zischend wehrenden Feuer und gewinnen schließlich die Oberhand über die Glut. Innerhalb weniger Augenblicke ist alles nass: Die Natur, die Menschen, die Steine am Feuer. Auf dem Boden des Vorplatzes steht bereits eine Handbreit schmutziges, vom schweren Regen aufgepeitschtes Wasser. Einige in Felle und Grasmatten gekleidete Stammesmitglieder laufen, Wasser aufspritzend, zu ihren Hütten.

Plötzlich zerspringt einer der Steine, die das Feuer begrenzen, mit einem gewaltigen Knall. Die Kraft der Explosion schleudert Asche und Steinbrocken hoch in die Luft. Trotz des Gewitterdonners und des Rauschen des Regens hören Sie das scharfe Zischen, als einige der noch glühenden Gesteinsbrocken auf dem regennassen Gras neben Ihnen einschlagen. Auch den hell glühenden Faustkeil hat die Explosion fortgeschleudert. Am Rande des Waldes erkennen Sie sein inzwischen schwächer werdendes pulsierenden Leuchten.

Gemeinsam mit einigen Männern vom Steinzeitdorf laufen Sie durch Regen und Pfützen zu der Stelle, an der Ihr Stein gelandet ist. Plötzlich bleiben die steinzeitlichen Dorfbewohner stehen, brechen in Wehklagen aus und werfen sich zu Boden. Zunächst fragen Sie sich, was dieses sonderbare Verhalten mitten im triefenden Nass eines Wolkenbruchs soll. Dann fährt auch Ihnen der Schrecken in die Glieder. Erstaunt und ungläubig erkennen Sie im Licht der Blitze eine schauerliche, an eine Hexe erinnernde Gestalt, die Sie interessiert mustert.

Während Sie sich verwundert das Regenwasser aus den Augen wischen, ergreift die Gestalt den im Gras liegenden Steinkeil, wirft Ihnen eine Kusshand zu und verschwindet mit schrillem Gelächter im regennassen Gewitterwald ...

Wie Sie Ihre luzide Welt wieder verlassen

Im Vergleich zum Eintritt in das luzide Paradies ist die Rückkehr in die Alltagswelt einfach. Bringen Sie zunächst Ihre laufende Traumhandlung zu einem vernünftigen Abschluss. Wenn das nicht möglich ist oder wenn Sie es sehr eilig haben, dann schließen Sie zumindest die gerade laufende Teilhandlung ab. Als nächstes entziehen Sie den luziden Erscheinungen ihre Klarheit, reduzieren sie zu bloßen Gedanken, löschen diese Gedanken und stellen die absolute Leere her. Sobald Sie sich im Zustand der absoluten Leere befinden, stellen Sie sich Ihren Alltagskörper vor und schlüpfen in ihn hinein.

Zurück in der Alltagswelt, sollten Sie nicht sofort aufstehen. Versuchen Sie zunächst Ihren Alltagskörper intensiv zu spüren: Fühlen Sie, wie er atmet, wie sein Herz pocht, wie sein Gewicht gegen die Unterlage drückt, auf der er liegt. Nach ein bis zwei Minuten erst beginnen Sie sich vorsichtig zu rühren. Bewegen Sie zunächst Ihre Finger und Zehen, dann die Arme und Beine, Ihren Kopf und den übrigen Körper. Dann führen Sie Ihr Auszeitenderitual durch, schütteln Sie sich und stehen auf.

Der reguläre Rückzug aus Ihrer luziden Welt sollte planmäßig verlaufen. Jeder überhastete Abbruch der luziden Handlung hinterlässt <offene Enden> die Ihnen möglicherweise bei den nächsten luziden Exkursionen hinderlich sind. Schließen Sie daher luzide Handlungen immer ab. Versuchen Sie die Klartraumhandlung zu einem Ende zu bringen, das im Rahmen Ihrer Werte und Ziele liegt. Wenn Sie sich einmal in Ihrem wirklichen Nah- oder Nachtodeszustand befinden, stellt sich die Frage nach einer überhasteten Flucht zurück in den Alltagskörper ohnehin nicht mehr.

Wenn Sie es mit der Rückkehr aus der luziden Welt einmal brandeilig haben, brauchen Sie sich nur Ihren friedlich am Ort für luzide Träume liegenden Körper vorzustellen und in ihn hineinzuschlüpfen. Diese Methode empfiehlt sich jedoch nur für den Notfall, also wenn Sie Ihre luzide Situation nicht mehr willentlich kontrollieren können. Beispiele dafür sind Erlebnissen mit negativen oder stark erregenden Inhalten, die eine Eigendynamik entwickeln. Abgesehen von Gruselszenen handelt es sich meist um Erinnerungen aus Ihrem Alltagsleben, die Sie selbst als Sünden, Versäumnisse oder Fehlverhalten einstufen. Andere Anzeichen für einen bevorstehenden Kontrollverlust über Ihren luziden Traum sind das Nachlassen Ihrer Aufmerksamkeit verbunden mit der Gefahr einzuschlafen.

Der Morgen des folgenden Tages empfängt Sie mit Regen, feuchter Kleidung und Kälte. Und irgendwie scheint das schlechte Wetter auch Ihre Laune auf einen Tiefpunkt gebracht zu haben. Sie liegen auf Ihrem Lager aus groben, mit Heu gepolsterten Leinen und denken über die Geschehnisse des gestrigen Abends nach. Noch kurz vor dem Fest erschien Ihnen Ihr Leben im Steinzeitdorf an den Ufern der Donau so offensichtlich klar und gut. Ihr Glück war zum Greifen nah. Wie konnte es zu so einem Umschwung in Ihrem Schicksal kommen?

Es scheint, als ob selbst die Natur sich eine pessimistische Maske aufgesetzt hätte. Eine Maske aus Regen, Nebel, Kälte und Dämmerlicht. Wo waren die Vogelstimmen, das Grillengezirpe und Froschgequake? Wo war das Lachen spielender Kinder? Wo waren die wärmenden Strahlen der Sonne? Und wo war Dania?

Planen Sie Ihre Erlebnisse im Paradies

In der Anfangsphase Ihrer luziden Träume, wenn Sie noch unsicher sind und nicht genau wissen, was Sie in Ihrem persönlichen Jenseits erwartet, sollten Sie den Inhalt Ihrer Klartraumerlebnisse von vorneherein festlegen. Erstellen Sie sich einen Handlungsplan für Ihre Besuche im Paradies. Überlegen Sie sich eine schöne Geschichte, in der Sie die Hauptrolle spielen. Bestimmen Sie, wer Sie in der Geschichte sind, wo die Handlung spielt, wer außer Ihnen noch mitspielt und wie das Ende der Geschichte (Ihr Ziel) aussieht. Da Sie alle Ihre luziden Sinne selbst erweckt haben, sollte es Ihnen keine Probleme bereiten, auch den Handlungsablauf Ihrer luziden Exkursionen selbst zu entwerfen. Später, wenn Sie größere Erfahrung in luziden Exkursionen haben, können Sie in den Handlungsablauf Ihrer Jenseitserlebnisse mehr und mehr Spontaneität einfließen lassen, bis Sie Ihren luziden Träumen schließlich den Freiraum geben, der ihnen in der Urwüchsigkeit der persönlichen Nah- und Nachtodeswelt zukommt.

Erstellen Sie also einen Handlungsplan für Ihre Nahtodesexkursionen. Bestimmen Sie, was in Ihrer luziden Welt geschehen soll. Achten Sie darauf, dass die Handlung weder zu spannend noch zu langweilig wird. Sehr spannende Erlebensabläufe gehen zu Lasten der Sinnesklarheit und bergen in sich die Gefahr des ungeplanten Aufwachens aus der Luzidität.

Langweilige Erlebensabläufe dagegen führen oft auf direktem Weg in den Schlaf.

Die Handlung Ihrer luziden Träume sollte aus einer Einleitung, einem Hauptteil und einem Schluss bestehen; und ihr roter Faden sollte sich um ein Thema spannen, das Sie beschäftigt oder in seinen Bann schlägt.

Beispielsweise kann die Einleitung der Geschichte von einem aktuellen Thema Ihres Lebens ausgehen, einer Situation aus Ihrer Vergangenheit oder einem anderen interessanten Erlebnis (z.B. einem Film, den Sie sich neulich angesehen haben). Der Schluss kann die Lösung eines Ihrer Probleme zum Thema haben oder in der vorgestellten Bewältigung einer Ihrer Lebensfragen bestehen.

Ein ganz einfacher Handlungsplan wäre beispielsweise: „Bei meinem heutigen Ausflug in meine luziden Nachtodeswelt besuche ich die Stadt Wien zur Regierungszeit Maria Theresias. Ich fahre in einer geschlossenen Pferdekutsche bis zum Hohen Markt. Dort beobachte ich einige Zeit das bunte Treiben. Dann steige ich aus und mische mich unter das Volk, spreche mit den geschäftigen Händlern, den schreienden Marktfrauen und den gelangweilt vorbeispazierenden Edelleuten. Ich lasse mich von einem meiner Gesprächspartner zu sich einladen und schaue mir eine zeitgenössische Wohnung an." Oder Sie nehmen sich vor, auf einer tropischen Insel im Indischen Ozean am malerischen Strand entlang zu schlendern, den warmen, weichen Sand unter Ihren Füßen zu spüren, die nahe Brandung zu hören und einfach nur glücklich zu sein, frei von allen Sorgen und Problemen der Alltagswelt.

Bedenken Sie, dass Sie der Regisseur Ihrer luziden Welt sind. Sie dürfen sich nie von Ihren Traumfiguren oder von der Gesamtsituation des luziden Traumes die Handlung diktieren lassen. Wenn Sie es nicht lernen, in Ihren luziden Träumen Ihren eignen Handlungsplan durchzusetzen, dann werden Sie es auch in Ihrer Nahtodeswelt nicht können. Sie sind Herr oder Herrin Ihres luziden Drehbuchs und niemand sonst! Wenn dennoch Ihre luzide Traumhandlung aus dem Ruder zu laufen droht, dann brechen Sie lieber den luziden Traum ab. Lassen Sie sich nie auf Erlebensabläufe ein, die Ihrem Entwurf zuwiderlaufen.

Engen Sie aber Ihre luzide Welt durch den Handlungsplan nicht so sehr ein, dass ihre bunte Urwüchsigkeit unterdrückt wird. Lassen Sie es ruhig einmal zu, dass die Blumen am Wegesrand nicht rot sind, so wie Sie es eigentlich geplant haben, sondern gelb und blau. Denken Sie aber nach Abschluss Ihrer luziden Exkursion immer über das Erlebte nach und versuchen zu ergründen, warum die Blumen nicht rot werden wollten.

Frierend liegen Sie in Ihrer feuchten, kühlen Hütte. Bisher erschien Ihnen Ihre neue Welt in den prähistorischen Donauauen wie ein Paradies, verschaffte Ihnen ein einzigartiges Hochgefühl. Und sie waren für jede Sekunde dieses Hochgefühls dankbar, ließ es

Sie doch vergessen, dass Ihr toter Körper in einer Leichenhalle der Stadt Wien des einundzwanzigsten Jahrhunderts liegt. Als Dania in Ihr Leben trat, konnten Sie Ihr Glück zunächst nicht fassen. Doch dann haben Sie sich an ihre warme, wohltuende Nähe gewöhnt, sie zum Zentrum Ihres ansonsten sinnentleerten Lebens gemacht. Und jetzt empfinden Sie ihre Abwesenheit als einen schmerzlichen Verlust. Vorbei ist Ihre Gleichgültigkeit, Ihr Desinteresse an der Nachtodeswelt. Vorbei Ihr Gefühl, dass es doch schließlich egal sei, was hier geschieht, weil Sie in Wirklichkeit tot sind. Mit dem Schmerz, der sich in Ihrem Herzen breit macht, und der Kälte, die Ihnen durch die klammen Kleider bis in die Knochen kriecht, schleicht sich auch ein beunruhigendes Gefühl von Realität in Ihr Denken.

Außerdem kommt es Ihnen vor, als hätten sich die Spielregeln Ihrer neuen Welt geändert. Immer wieder versuchen Sie mit Gedankenkraft Ihre Kleider zu trocknen. Es geht nicht! Wiederholt blicken Sie durch die halbgeöffnete Hüttentür auf die düstere, regennasse, tropfende, von Nebeln durchzogene Landschaft und versuchen, sich die Sonne vorzustellen, den Sommerwald, das Schilf und Dania. Aber draußen ändert sich nichts. Sie sind umgeben von dem monotonen Rauschen des Regens und dem unregelmäßigen Takt der Wassertropfen aus den undichten Stellen im Dach Ihrer Hütte.

Von außen erklingen Schritte. In Ihrer Hütte wird es noch düsterer, als der glatzköpfige Hüne in der Türöffnung erscheint. Gebückt, zitternd atmet er schwer. Mit blutverschmierter Hand weist er nach draußen und flüstert: „Rasch, Mogliar. Unser König will dich sprechen. Wir haben nicht mehr viel Zeit." Mit schwachen Schritten, verlässt er Ihre Hütte und torkelt hinaus auf den nassen, aufgeweichten Dorfplatz. Als Sie ihm vor Kälte zitternd folgen, haben Sie eine böse Vorahnung.

Nutzen Sie für Ihre luziden Nachtodesübungen die Spannung mitreißender Geschichten

Mit zunehmender Erfahrung auf dem Gebiet der Außerkörperlichkeit und steigender Vertrautheit mit der Blumenfarbenmethode werden Sie sich traumhaft schöne und erfüllende luzide Welten erschaffen. Doch luzide Träume können viel mehr. Sie können Spannung in Ihr Leben bringen und Sie glücklich machen. Luzide Träume ähneln Filmen, die Sie sich immer und immer wieder ansehen und Büchern, die Sie immer wieder lesen. Eine Geschichte mit einer faszinierenden oder rührenden Handlung entwickelt schnell ihre eigene Dynamik. So, wie Sie nur ungern ein spannendes Buch zur Seite legen, bevor Sie es ausgelesen haben, werden Sie auch von der Spannung eines faszinierenden luziden Traumes fort getragen. Sie sollten sich überlegen, was Sie in Ihrer luziden Welt erleben möchten und Sie sollten dieses

Thema in den Gesamtzusammenhang Ihrer Wünsche und Ziele stellen.

Während der Aufbau von Luzidität eine hohe Disziplin, viel Übung und Konzentration erfordert, fällt Ihnen der Erhalt von Luzidität um so leichter, je mehr Freude Sie aus dem betreffenden Traum schöpfen. Freude bereiten können Erlebnisse der Ruhe und Erholung, aber auch faszinierende Abenteuer, nervzerreißende Spannung oder paradiesische Erotik.

Es gilt daher, luziden Erlebnissen die Form einer Geschichte zu geben, die Sie anmacht und die mit Ihren Werten und Zielen zu tun hat. Ziehen Sie aus, um unbekannte Regionen Ihrer persönlichen Welt zu erforschen, stürzen Sie sich in faszinierende Abenteuer, durchleben Sie betörende Romanzen.

Gute Themen für Handlungen luzider Träume finden Sie in Ihrer Phantasie, in Büchern, Filmen – kurzum, in allen Geschichten und Themen, die Sie bewegen. Versetzen Sie sich beispielsweise in die Rolle der Hauptfigur eines Kinofilms und versuchen eine Sequenz des Films träumend nach zu erleben. Überlegen Sie sich die Haupthandlungslinie des Films. Von welchen Voraussetzungen geht er aus? Welchen Sinn will er vermitteln? Ändern sie Anfang und Ende der Geschichte so ab, dass sie zu Ihrem Leben passt.

Der Atem des greisen Königs Semlet klingt schwach, kaum hörbar, wie ein fernes Röcheln. Sie knien vor dem Lager aus Bärenfellen nieder. Kalte Finger ergreifen Ihr Handgelenk. Der faulige Geruch des Todes streift Ihr Gesicht. „Mogliar, mein tapferer Mogliar... Dein Weg ist noch nicht zu Ende. Viele Aufgaben sind noch unerledigt."

Semlets Augen schließen sich. Das magere, wächserne Gesicht des Herrschers ist gezeichnet von der Anstrengung. Die kalten Finger pressen sich fester um Ihr Handgelenk.

„Du musst den Faustkeil wieder zurückholen, Mogliar. Nur du kannst es, ... alles hier wird verschwinden, ... ohne den Stein!"

Tausend Fragen türmen sich in Ihnen auf. Sie möchten schreien, nach Dania fragen, aufwachen aus diesem Alptraum.

Der Druck der kalten Finger an Ihrem Handgelenk erhöht sich weiter, so als ob der greise Herrscher seine ganze ihm verbliebene Kraft auf genau diesen Punkt richten würde. „Geh jetzt, mein tapferer Mogliar, rette uns, bring den Faustkeil zurück, schenke uns einen neuen Sommer!"

Der Griff um Ihr Handgelenk lässt unvermittelt nach. Zugleich erfasst der glatzköpfige Hüne mit klammen Fingern Ihre Schultern, zieht Sie mit sich fort, führt Sie hinaus aus der stickigen Atmosphäre der Hütte in die feuchte, kalte, neblige Luft des menschenleeren Dorfplatzes. Bevor Sie über das Erlebte nachdenken können, ergreift der vor Kälte zitternde Krieger einen an der Hüttewand lehnenden Speer, zeigt mit dessen Spitze in Richtung der Stelle am

Waldrand, an der Sie gestern Abend die Hexe sahen, und beginnt zu laufen. Sie folgen ihm bis zum Rand des Waldes.

Völlig außer Atem stehen Sie auf dem spärlich mit Gras bewachsenen, morastigen Boden, die Hände auf Ihre Knie gestützt. Doch auch jetzt drängt der Hüne zur Eile. „Geh, Mogliar! Geh!"

Als Sie sich, immer noch außer Atem, nicht rühren, schubst er Sie, so dass Sie beinahe auf den morastigen Boden stürzen. „Geh, rasch!"

Sie betreten das Unterholz und blicken sich noch einmal um. Der Hüne schwingt seinen Speer „Geh!"

Als Sie sich nach ein paar Schritten noch einmal umdrehen, ist der Hüne verschwunden.

Wieder völlig allein, so wie vor einigen Tagen auf Ihrem Weg vom Kahlenberg durch den Sommerwald, stehen Sie im regennassen Wald. Durch das Dickicht aus Pflanzen ziehen Nebelschwaden. Keine Vogelstimme ist zu hören, nur ein unregelmäßiges Getropfe und das Rauschen der Blätter, wenn eine kalte Windböe die Baumkronen über Ihnen bewegt.

Sie spüren, wie Ihnen Tränen aus den Augen quellen. Wo bist du, Dania? Ist das der Verlust des Paradieses? Sie setzen sich auf einen morschen, mit braungrünem Moos bewachsenen Baumstamm und beginnen zu weinen. Sie spüren die Nässe Ihrer Kleidung nicht mehr und Sie bemerken nicht, wie es langsam dunkel wird im Nebelwald. Sie sitzen nur da und weinen, sitzen da und schluchzen, sitzen da und sitzen da, und sitzen da und sitzen da ...

Luzide Träume als Wunscherfüllungsinstrument

Als Themen für luzide Erlebnisse eignen sich alle Fragen, die Sie richtig anmachen, die Sie bewegen und in ihren Bann schlagen. Betrachten Sie daher luzide Träume nicht nur als Vorbereitung auf Ihre Nah- und Nachtodeserlebnisse, sondern auch als Wunscherfüllungsinstrument. Erfüllen Sie sich Ihre Wünsche in Form realistisch-klarer Erlebnisse in luziden Traumwelten. Im luziden Land hinter dem Horizont können Sie erleben, was Ihnen in der Alltagswelt nicht gewährt wurde. Gönnen Sie es sich doch einmal, an der Seite eines geliebten Menschen einen weichen, weißen, tropischen Sandstrand entlang zu schlendern. Gönnen Sie sich das Gefühl, auf fremde Planeten zu reisen, eine Nacht in der Wüste zu verbringen oder ganz einfach nur eine Stunde bei Mondschein in einem tropischen Meer zu baden. In Ihrer luziden Welt ist all das möglich. Sie selbst haben es in der Hand, aus welchen Themen und Handlungsfolgen Sie Ihre Erlebnisse in der Welt Ihrer Phantasie aufbauen.

Worauf warten Sie noch? Denken Sie sich eine Geschichte aus, an der Ihr Herz hängt. Erleben Sie, was Ihnen in der Alltagswelt bisher versagt geblieben ist!

Es ist Nacht im Nebelwald. Durch die Dunkelheit schallt das unregelmäßige Tack, tack, tack der gro-ßen Wassertropfen aus den regennassen Kronen der hohen Bäume. Ihr unregelmäßiger Takt erinnert Sie an ein Orchester, dessen Schlagzeuger noch übt, während die übrigen Musikanten schon nach Hause gegangen sind. Wie hypnotisiert hören Sie zu.

Wie lange sitzen Sie wohl schon auf dem morschen Baumstamm? Sie stehen auf und drehen sich nach allen Richtungen. Absolute Finsternis rundherum. Kein Stern ist zu sehen. Es scheint, als gäbe es außer Ihnen nur dieses beständige tausendfältige Tropfge-räusch und den Geruch nach feuchtem, moderigen Waldboden.

Der Hüne hatte Sie zur Eile gemahnt. Doch Eile wozu? Wohin sollen Sie sich wenden?

Als es noch hell war, fiel Ihnen in der Verlänge-rung des morschen Baumstammes eine Schneise im Unterholz auf. Obwohl es jetzt stockdunkel ist, wol-len Sie zur Schneise gehen, dann weiter die Schneise entlang durch den Wald – notfalls kriechend, auf allen Vieren.

Um zu ergründen in welcher Richtung die Schnei-se liegt, betasten Sie vorsichtig den Baumstamm, fahren behutsam mit den Händen über seine feuchte, glitschige Oberfläche. Dann gehen Sie langsam am moosweichen Stamm entlang, halten zaghaft tasten-den Kontakt, bis Sie sein zackiges, morsches Ende erreicht haben, gehen weiter in der eingeschlagenen Richtung und bleiben erst stehen, als Sie gegen einen nassen Busch stoßen.

Nach einiger Zeit finden Sie den Durchgang, knien nieder und rutschen auf allen Vieren weiter. Sie kommen nur sehr langsam voran, viel zu langsam! Doch immerhin, Sie bemerken eine Änderung in der Struktur des Geländes. Der Boden fühlt sich zunehmend trockener an. Die morastigen Pfützen, deren Überwindung Ihnen anfangs so viel Mühe bereitet hatte, verschwinden nach und nach. Langsam geht es bergauf. Bald kommen Sie an das erste Etwas, das sich in der Finsternis wie ein großer Stein anfühlt.

Hier wollen Sie sich eine Weile ausruhen. Sie erheben sich von Ihren schmerzenden Knien, setzen sich auf den Stein und sehen sich um. Der Nebelwald mit seinem beständigen Getropfe und seiner feuchten Luft liegt bereits hinter Ihnen. Auch die Dunkelheit ist keine absolute mehr. Vor Ihnen auf der Anhöhe zeichnet sich, kaum sichtbar zwischen Bäumen und Unterholz, ein rotgelber Schimmer ab. Sie gleiten herab vom Stein und gehen voll Hoffnung in Richtung des Schimmers.

3 Die optimale Vorbereitung auf die Welt hinter dem Horizont

Die Vorbereitung auf das Paradies hinter dem Horizont erschöpft sich nicht in luziden Übungen. Um für Ihr persönliches Jenseits gerüstet zu sein, sollten Sie Ihren Geist stählen, Ihr Bewusstsein klären und möglichst ein reines Gewissen haben. Die wichtigsten Fittmacher fürs Jenseits stelle ich Ihnen auf den nächsten Seiten vor. Seien Sie sich aber immer im Klaren darüber, dass alles ganz anders kommen kann, denn es ist noch niemand wirklich von den Toten zurückgekehrt. Was wir von der Welt hinter dem Horizont wissen, entstammt Berichten wieder belebter Menschen, Aussagen der Erlebensphilosophie und Botschaften der Totenbücher. Ein bisschen ähnelt unsere Lage der eines Prüflings, der sich zwar schon zur Prüfung angemeldet hat aber weder den genauen Prüfungsstoff kennt noch den eigentlichen Zeitpunkt der Prüfung.

Plötzlich öffnet sich Ihr Blick auf ein kleines Tal, nicht größer als ein Fußballfeld, dicht an dicht mit alten Obstbäumen bewachsen. Das wundervolle, rotgelbe Licht kommt aus einer kleinen Steinhütte, die, umrahmt von alten Holunderbüschen und verwilderten Stachel- und Johannisbeersträuchern, neben einem vertrockneten Bachlauf steht. Sonderbarerweise hat es hier nicht geregnet. Das Gras auf dem Weg zur Steinhütte ist vollkommen trocken.

Vorsichtig nähern Sie sich der Hütte, versuchen kein Geräusch zu verursachen, bemühen sich, in der Dämmerung nicht zu stolpern. Zwischen zwei verwilderten Birnbäumen finden Sie schließlich einen schmalen Pfad, der Sie direkt zur Tür der Hütte führt. Langsam schleichen Sie zur verwitterten Holztür.

Von innen ist Geschirrgeklapper zu hören, so als würde jemand einen Tisch decken, Stühle zurechtrücken und ...

„Komm herein Mogliar und hilf mir Feuer machen!" Irgendwoher kennen Sie diese lasziv klingende Frauenstimme, spüren ihre erotische Ausstrahlung. Erstaunt, obwohl Sie eigentlich nichts mehr erstaunen dürfte, drücken Sie gegen den rostigen, lockeren Türgriff.

„Dania?"

Mit einem lang gezogenen Quietschen öffnet sich die Tür und gibt den Blick frei auf eine armselig eingerichtete, verräucherte Stube, in deren Zentrum ein großer, schmutziger Holztisch mit drei Stühlen vor einem altertümlichen, gemauerten Ofen steht. Eine in dunkle, abgetragene Umhänge gehüllte, gedrungene

Gestalt steht mit dem Rücken zu Ihnen und macht sich am Ofen zu schaffen. Links neben der Tür lehnt zwischen alten Gartenwerkzeugen eine zerlumpte Vogelscheuche aus Holz, Stroh und Stofffetzen. Von der Zimmerdecke hängen Spinnweben voller Staub und Fliegenleichen herab.

Einen halben Meter über dem Ofen, in einer gemauerten Ausbuchtung des Kamins, erkennen Sie die Ursache des rotgelben Leuchtens: Ihr Faustkeil steckt in der Ofenwand, bereit erneut durch ein Feuer hell zu erstrahlen.

Sie machen einen Schritt in Richtung Ofen. Da beginnt sich die gedrungene, dunkle Gestalt umzudrehen. Ein Gestank nach Schweiß, Urin und ungewaschenen Kleidern schlägt Ihnen entgegen. Noch während sich die Frau aufrichtet und ihr graues Tuch vom Kopf zieht, scheint sich an ihr eine sonderbare Verwandlung zu vollziehen. Vor Ihren Augen verschwinden Falten und Warzen aus den hexenhaften Gesichtszügen und das schmutzige Grau aus den ungepflegten Haaren. Sie blicken in ein faltenfreies, weißes, ja beinahe jugendlich erscheinendes Antlitz, umrahmt von einer wilden, roten Haarpracht.

„Ich bin nicht Dania!"

Verblüfft mustern Sie das Gesicht der Rothaarigen, sehen durch den leicht geöffneten Umhang zarte Haut, den Ansatz der Brüste und weiter unten die weiche Wölbung des Bauches.

„Wer bist du?"

Die Rothaarige schlägt ihren Umhang zurück, so dass sie nun in ihrer vollkommenen Nacktheit zu se-

hen ist, und breitet ihre Arme aus. „Ach, ich will
nicht länger warten. Komm, lass dich umarmen!"
Sie treten einen Schritt zurück in Richtung Tür. „Sag
mir, wer du bist!"

Harmonisieren Sie Ihr Denken

Eine besondere Eigenschaft sowohl luzider Träume
als auch von Nahtodeserlebnissen ist ihre Empfind-
lichkeit gegenüber Gedanken und Gefühlen. Jede
freudige Erwartung, aber auch jede Befürchtung will
sich umgehend verwirklichen. Wenn Sie beispielsweise gerade einen luziden Traum erleben, in dem
Sie entspannt an einem tropischen Strand im weichen
Sand unter hohen Palmen sitzen, dem Klang der
Brandung zuhören, die letzten Strahlen der untergehenden Tropensonne genießen, und sich denken:
„Wie schön, dass es hier nicht kalt ist und nicht reg-
net!", riskieren Sie, dass es gerade jetzt in Ihrem
Tropeparadies kalt wird und zu regnen beginnt. Auch
regelrechte Horrorszenarien können Sie auf diese
Weise erschaffen: Wenn Sie in Ihrer luziden Welt bei
Mondschein auf einer Waldlichtung stehen, die frische, nach Wald und Harz duftende Luft genießen
und sich an dem Gezirpe der Grillen erfreuen, kann
der Gedanke, „hoffentlich kommt jetzt kein scheußli-

ches Monster aus dem Nebel des Waldes!" eben dieses Monster erscheinen lassen. Was Ihnen, abgesehen von solchen Extremfällen, bei mangelnder Gedankenkontrolle regelmäßig passieren wird, ist, dass Sie aus Ihrer luziden Welt geworfen werden und sich plötzlich in Ihrem Alltagskörper wiederfinden oder dass Sie bei Ihren Übungen einschlafen.

Die Festigkeit und Geschlossenheit Ihrer Gedankenwelt lässt sich durch Übung bedeutend erhöhen. Für dieses Gedankentraining brauchen Sie sich keine besonderen Übungszeiten zu reservieren. Es klappt während Ihres Alltags am besten. Erklären Sie Ihr Alltagsleben zum Gedankenkraft-Übungsfeld:

- Tun Sie alles, was Sie tun, bewusst.
- Vermeiden Sie, dass sich <Gedankenschrott> in Ihrem Geist ansammelt. Dulden Sie es nicht, wenn sich in Ihrem Denken unsinnige Bilder und Wortfetzen einschleichen, beispielsweise Sprüche aus der Werbung oder Liedertexte im Sinne von <Ohrwürmern>. Achten Sie darauf, dass Sie nicht mit unwichtigen Informationen überschüttet werden. Unwichtige Informationen sind etwa die Abläufe von Seifenopern, Werbetexte oder Texte von Plakaten. Lesen Sie nicht unkontrolliert alle Werbezuschriften aus Ihrem Briefkasten. Sehen Sie nicht unkritisch fern und hören nicht planlos Radio.
- Versuchen Sie regelmäßig Ihre Erlebnisse auf einen gemeinsamen Nenner zu bringen und

zu größeren Strukturen zu vereinen. Klassifizieren Sie unerwünschtes Wissen als unwichtig. (Das funktioniert aber nur, wenn Sie wirklich von seiner Unwichtigkeit überzeugt sind). Manchmal genügt bereits das Prädikat <unwichtig>, um das entsprechende Wissen an den Rand des Vergessens zu drängen.

- Auch ein großer Teil des so genannten Smalltalks ist, abgesehen von seiner Rolle als Kommunikationsstifter, keine Bereicherung für Ihr Informationsbudget. Man muss nicht mit jedem über alles reden.

„Wer ich bin, willst du wissen?" Die Rothaarige schließt ihren Umhang und setzt sich auf einen Stuhl aus rohem Holz.

„Warte kurz. Vielleicht gefalle ich dir so besser."

Abermals beginnt sich die Frau vor Ihren Augen zu verändern und hat plötzlich das Aussehen Ihrer lieb gewonnenen Dania.

„Willst du mich jetzt, mein lieber Mogliar?"

Sie sind verwirrt, können nicht mehr richtig denken. In Ihre Freude über das Wiedersehen mit Dania mischt sich ein böser Verdacht.

„Du bist nicht Dania!"

Im Nu nimmt die sonderbare Frau wieder die Gestalt der verführerischen Rothaarigen an. „Doch, ich bin Dania. Ich war es schon immer. Du hast es nur nie bemerkt, in deiner trotteligen Verliebtheit!"

Gar nicht mehr so überzeugt, eher trotzig mit einem Schuss Verzweiflung, beharren Sie murmelnd auf Ihrem Standpunkt. „Du bist nicht Dania!"

Die schöne Rothaarige schlägt verärgert ihre Beine übereinander, so dass ihr Umhang bis zu den weißen Gesäßbacken herabrutscht. „Na gut. Ich werde dir beweisen, dass ich Dania bin."

Dann streckt sie sich, greift in die dunkle Ecke des Zimmers und holt ein dickes, in Leder gebundenes Buch hervor. „Das ist ein Buch aus deiner Welt, der Welt des einundzwanzigsten Jahrhunderts."

Schwungvoll wirft sie es vor Ihnen auf den Holztisch. Staub steigt auf. „Schau dir Seite sechshundertsechsundsechzig an! Lies das da, rechts oben! Schau, da steht der Beweis. `S i e   i s t   D a n i a´."
Die Rothaarige klappt das Buch zu und wirft es unter den Tisch.

„Und was in Büchern steht, das ist wahr!"

Sie ringen nach Fassung. „Nicht alles, was in Büchern steht, entspricht der Wahrheit..."

„Papperlapapp", die schöne Rothaarige verzieht spöttisch ihren Mund, und das erste Mal erkennen Sie die Ähnlichkeit zur Visage der Kreatur, die den Faustkeil von der regennassen Wiese aufgehoben hat.

„Wahr ist, wofür es Zeugen gibt und wofür Autoritäten sprechen! Das solltest du in deiner letzten Lebenswelt doch gelernt haben, Mogliar! Oder?"

„Zeugen?" murmeln Sie verwirrt.

„Ja, Zeugen! Verdammt, da steht einer", zischt die inzwischen schon beträchtlich runzeliger gewordene Rothaarige, und zeigt mit ihrem knöchernen Finger

in Richtung Tür auf die Gestalt, die Sie eingangs für eine Vogelscheuche gehalten haben.

„Erzähl ihm doch mal, wer ich bin, Angelo!"

Die Vogelscheuche nimmt ihren Hut ab. Erst jetzt erkennen Sie den vornehm gekleideten weißhaarigen Herrn. „Darf ich mich vorstellen. Professor Dante."

Der nach Rasierwasser duftende Herr zieht ein weißes Taschentuch aus seiner Westentasche, wischt damit den noch leeren dritten Stuhl sauber und setzt sich. „Sie ist es."

Ihnen wird die Sache langsam langweilig. „Was ist sie?"

„Nicht was, du ungebildeter Nichtswisser. Wer!", schreit der Professor. Speicheltröpfchen wirbeln durch die Luft und landen auf dem staubigen Tisch neben Ihren Händen.

„Sie ist Dania! Ich bin eine Kapazität. Ich berate alle Mächtigen in diesem Lande!"

Wütend stehen Sie auf, stützen Ihre Hände auf den Tisch und brüllen der Rothaarigen in ihr faltiges, mit schwarzen Flecken und großen Warzen übersätes Gesicht: „Bücher und Autoritäten. Sie beweisen hier gar nichts! Ich mache mir meine Autoritäten selbst!"

„Du, du .... du hättest alles von mir haben können. Meine Schönheit, meine Lust ..."

Noch während sie spricht, beginnt sich die Frau zu zersetzen. Im selben Moment als ihre Knochen und ihr zu Staub gewordenes Fleisch zu Boden fallen, hören Sie das Klappern des wieder zu einer Vogelscheuche gewordenen Professors, dessen hölzerne Teile nun verstreut auf dem Hüttenboden liegen.

Draußen dämmert der Morgen. Und plötzlich vernehmen Sie wieder die Stimmen der Vögel. Es scheint ein wunderschöner Tag zu werden. Sie ziehen den Faustkeil aus der Öffnung am Ofen und treten durch die Hüttentür in den morgendlichen Garten, in dessen Nebeln die ersten Sonnenstrahlen goldene Bilder zeichnen.

„Jetzt nur schnell den Faustkeil wieder zurück zur Steinzeitsiedlung bringen!" Der Gedanke an Dania lässt die Morgensonne bis in Ihr Herz strahlen.

Im Schein der aufgehenden Sonne stehen Sie vor der Steinhütte und blicken sich um im kleinen Tal. An allen Seiten von Wald umgeben erscheint Ihnen seine Lage märchenhaft schön. Von da hinten müssen Sie letzte Nacht gekommen sein. Mit dem Faustkeil in Ihrer rechten Hand machen Sie sich auf den Weg zurück in die Steinzeitsiedlung.

Bleiben Sie geistig eigenverantwortlich

Wir leben in einer Zeit des Informationsüberflusses. Ständig werden wir von Meinungen anderer Menschen, deren Theorien zu aktuellen Entwicklungen, ihren Erklärungen und Vorhersagen überflutet. Es ist schwer, von solchen Theorien und Welterklärungsmustern unbeeinflusst zu bleiben. Eine vollkommene geistige Eigenständigkeit ist während des Erdenlebens weder zu verwirklichen noch ist sie wünschenswert. Erst das Zusammentreffen vieler widersprüchlicher Erfahrungen lässt uns reifen. Die Verarbeitung dieser Erfahrungen zu einem in sich stimmigen Ganzen macht uns weise. Geistige Eigenverantwortlichkeit und Unabhängigkeit sind die Voraussetzungen dafür.

Geistig unabhängig sind Sie, solange Sie Ihre Erfahrungen im Rahmen Ihrer Wertvorstellungen deuten und sich nicht von Meinungen, Werten oder Zielen Ihrer Umwelt vereinnahmen lassen. Die folgende Regel hilft Ihnen, Ihr Handeln und Denken richtig zu bewerten:

Werden Sie sich der Motive Ihres Handelns bewusst. Es gibt zwei Arten von Motiven: Das Um-zu-Motiv und das Weil-Motiv. (24)

Um-zu-Motive weisen über alle Zwischenziele auf das Ziel, das Sie mit der Handlung anstreben. Um-zu-Motive bilden Um-zu-Motivationsketten. So strengen Sie sich in der Schule an, um gute Noten zu bekommen. Gute Noten brauchen Sie, um Ihr Traumstudium zu beginnen. Ihr Traumstudium absolvieren Sie, um Ihren Traumberuf ausüben zu können, und der ist die Voraussetzung für weitere Ziele, beispielsweise, um sich selbst zu bestätigen, genug Geld zu verdienen, interessante Reisen machen zu können, berühmt zu werden. Selten werden Handlungen nur von einer Um-zu-Motivationskette getragen. Meist sind die Pfade der Motivation vielfältig verschlungen und laufen nebeneinander her. So arbeiten Sie in Ihrem Beruf, um Geld für sich und Ihre Familie zu verdienen, um sich eine schöne Urlaubsreise leisten zu können, um beruflich weiterzukommen, um sich zu verwirklichen und um sich weiterzubilden. Wenn Sie im Zweifel sind, ob Sie richtig handeln oder denken, dann suchen immer nach den Um-zu-Motiven für dieses Handeln oder Denken. Finden Sie heraus, ob diese Um-zu-Motive mit Ihren Werte und Zielen in Einklang stehen. So kann das Um-zu-Motiv <viel Arbeiten, damit ich im Alter genug Geld habe> durchaus mit dem Lebensziel <gesund alt werden> im Widerspruch stehen.

Während Um-zu-Motive auf das übergreifende Ziel der Handlungskette gerichtet sind, gehen Weil-Motive auf Erlebnisse der Vergangenheit zurück. Weil-Motive verweisen auf Entscheidungen, die zu der gerade laufenden oder gerade beschlossenen Handlung geführt haben. Auch Weil-Motive bilden Motivationsketten. So können Sie sich zweimal im Jahr einen großen Urlaub leisten, haben einen Beruf der Ihnen Spaß macht und leben ein erfülltes Leben, weil Sie Ihren Traumstudienplatz erhalten haben.

Ihren Traumstudienplatz haben Sie zugeteilt bekommen, weil die Noten auf Ihrem Abiturzeugnis gut genug waren, und die Noten waren so gut, weil Sie viel dafür gelernt haben. Auch bei den Weil-Motiven existieren meist mehrere Motivationsketten nebeneinander. So haben Sie Ihren Beruf gewählt, weil Sie einen Film gesehen haben, in dem dieser Beruf als besonders cool dargestellt wurde und weil Onkel Peter auch diesen Beruf ausübt und Sie Onkel Peter für sehr erfolgreich und reich halten und weil man in diesem Beruf viel reisen kann. Am Anfang jeder Weil-Motivationskette stehen Einstellungen – und Einstellungen sind nicht weiter hinterfragbar. Man hast sie einfach. Einstellungen lassen sich nicht mehr in Motive auflösen.

Anhand Ihrer Weil- und Um-zu-Motive können Sie all Ihr Handeln und Denken hinterfragen. Überlegen Sie sich: Warum mache ich das? Warum mache ich es gerade so? Was will ich mit dieser Handlung erreichen? Was bringt sie mir? Was hat mich dazu gebracht? Warum habe ich damit begonnen? Stellen Sie sich solche Fragen insbesondere dann, wenn es Ihnen schwer fällt, sich für die eine oder andere Handlungsalternative zu entscheiden.

Was für ein Unterschied zu der Alptraumwanderung letzte Nacht durch den regennassen Wald! Sie versuchen sich zu erinnern. Da, frische Spuren in einer Schneise im dichten Unterholz. Da müssen Sie vor einigen Stunden hindurch gekrochen sein.

Das Wetter beginnt spürbar wärmer zu werden. Sie freuen sich darauf, heute mit Dania in der Donau zu baden. Begleitet vom melodischen Vogelgesang beschleunigen Sie Ihre Schritte und gehen auf Ihren Spuren den Weg zurück zum Steinzeitdorf.

In der Nähe des Flusses öffnet sich der Wald zu einem Hain, dicht bewachsen mit jungen Birken. Da, eine alte Feuerstelle. Zwar ist sie bereits mit Gras bewachsen und von zwei kleinen Birken flankiert. Dennoch lässt sich eindeutig die steinerne, an der Innenseite rußgeschwärzte Einfassung erkennen. Hier müssen vor Jahren Menschen gelebt haben. Sollte es etwa mehrere Steinzeitdörfer in den Donauauen geben? Sie nehmen sich vor, mit Dania darüber zu sprechen. Links neben der Feuerstelle erkennen Sie eine alte Hütte mit eingestürztem Dach. Dahinter weitere Hütten mit noch intakten Dächern, im weiten Halbkreis um die Feuerstelle angeordnet.

Die Erkenntnis trifft Sie wie ein Blitz: Das ist Danias Steinzeitdorf. Sie sind zu spät gekommen!

Ungläubig betreten Sie eine der Hütten. Eine fette Ratte streift Sie bei der hastigen Flucht am Bein. Das Hütteninnere befindet sich in Auflösung. Ein Durcheinander aus handgehobelten, dicken Brettern und morschen Holzstämmchen lässt vage vermuten, wo einmal eine Schlafgelegenheit stand. Vor der Hin-

terwand der Hütte hängt ein riesiges Hornissennest von der Decke herab. Die großen Insekten nehmen keine Notiz von Ihnen und fliegen geschäftig durch einen handtellerbreiten Spalt in der Wand ein und aus.

Sie verlassen die Hütte, gehen wieder ins Freie und suchen im Birkendickicht nach König Semlets Behausung. Als Sie sie schließlich finden, bietet sich auch hier das gleiche Bild der Verwüstung.

Keine der Hütten ist mehr von Menschen bewohnt. Deutlich ist zu erkennen, dass sie bereits vor Jahren verlassen wurden. Wo mag das Volk des Flusses hingezogen sein? Vielleicht sind die Menschen ganz einfach gestorben? Voller Angst suchen Sie zwischen den Birken nach Gräbern und Resten menschlicher Körper. Erleichtert stellen Sie fest, dass keine da sind. Es gibt auch keine Anzeichen für kriegerische Auseinandersetzungen. Keine der Hütten weist Brandschäden auf.

Zum Schluss stehen Sie vor Ihrer Hütte. Die moderige Holztür lässt sich nur schwer öffnen. Das Innere befindet sich in ähnlich chaotischem Zustand wie das der anderen Hütten. Lediglich Ihr Bett ist noch relativ unbeschädigt, obgleich Heu und Leinen fehlen und von den Fellen nur noch kümmerliche, schwarze, faulig-feuchte Reste vorhanden sind.

Sie setzen sich an die Seite Ihrer Bettstatt, nehmen einen flachen Stein in die Hand, der zwischen den schwarzen, moderigen Fellresten liegt und lassen die letzten Stunden in Gedanken vorüberziehen.

Kühl fühlt er sich an, der Stein in Ihrer Hand, mit seinen glatten Rändern und seiner rauen Oberfläche.

Gerade wollen Sie ihn zu Boden werfen, als Ihr Blick auf eine seiner Seiten fällt, die über und über mit kleinen Zeichen beschrieben ist. Sie halten den Stein in den goldenen Lichtstrahl der durch ein Loch im Hüttendach scheinenden Sonne und sehen, dass es sich um ein flaches Stück Ton handelt. Sie betrachten die Tonscheibe genauer und erkennen einen zusammenhängenden Text, der offenbar vor dem Brennen eingeritzt wurde. Es ist ein Brief von Dania, geschrieben irgendwann einmal zwischen gestern und den darauf folgenden fünf Jahren.

Sie haben das Gefühl, als würde der Klang Ihres Herzens von den Hüttenwänden widerhallen. Mit zitternden Händen halten Sie den Tonklumpen ins Sonnenlicht und beginnst zu lesen.

„Mein lieber Mogliar.

Gestern ist mein Vater verstorben. Er wurde seit deiner Abwesenheit von Tag zu Tag schwächer. Auch Zulu, seinen kahlköpfigen Wächter gibt es nicht mehr. Er erfror, nachdem er dich an den Waldrand begleitet hat. Einer nach dem anderen stirbt. Auch ich fühle, dass ich bald an der Reihe sein werde.

Es hätte alles so schön werden können, mit uns beiden. Wenn ich mir vorstelle, was ich mit dir noch alles erleben wollte, dann fühle ich mich so unendlich traurig wie eine Rose im Schnee. Doch es ist deine Welt, mein lieber Mogliar. Hier zählt einzig und allein dein Wollen!

Als Zeichen meiner Liebe habe ich eine Birke gepflanzt. Gefällt sie dir? Ich wollt', ich könnt' sie auch sehen."

Bleiben Sie geistig fit

Das eigene Schicksal selbst bestimmen, die Fallen der Alltagswelt erkennen, Ratschläge annehmen, ohne dadurch von anderen Meinungen abhängig zu werden – all das erfordert einen hohen Grad an geistiger Fitness. Nur wenn Sie auf Dauer geistig leistungsfähig und wachsam bleiben, erkennen Sie die alltäglichen Widersprüche zu Ihren eigentlichen Werten und Zielen. Geistig fit im Sinne eines nicht zu bremsenden Lebensschwungs bleiben Sie, wenn Sie sich größtmögliche Übersicht über Ihren Alltag verschaffen. Übungen zur geistigen Fitness eignen sich daher vor allem für Ihr Alltagsleben.

So lässt sich geistige Fitness trainieren:

- Hinterfragen Sie fraglos erscheinende Elemente Ihres Lebens. Ergründen Sie das Verhältnis dieser Elemente zu Ihren Werten und Zielen.
- Überlegen Sie sich zu Ihren Alltagserlebnissen mögliche Alternativerlebnisse. Malen Sie sich aus, was geschehen wäre und geschehen würde, wenn das eine oder andere Erlebnis anders verlaufen wäre. Stellen Sie sich die vielfältigen Zukunftsmöglichkeiten vor, die Sie dann zu erwarten hätten. Überlegen Sie sich, wie Sie aus Ihrer jetzigen Gegenwart in

solche Zukunftsmöglichkeiten gelangen könnten.

- Ergründen Sie diese Zukunftsmöglichkeiten in Ihrer luziden Welt. Machen Sie sie zu Themen luzider Träume. Spielen Sie Ihre Zukunftsvorstellungen in den unterschiedlichsten Variationen durch und überlegen sich, ob Ihnen diese Zukunft Freude bereiten würde.

Nachdenklich sitzen Sie auf den Resten Ihres ehemaliges Bettgestells und fahren mit Ihren Fingern über Danias Brief aus gebranntem Ton. Draußen entfaltet sich die übliche Sommertagsszenerie: Die Sonne scheint und die Vögel singen. Aber es ist nicht mehr diese üppige, vor Wärme und Lebenslust überbrodelnde Sommertagsstimmung wie noch vorgestern, zu Danias Zeiten. Jetzt erscheint sie Ihnen leer, sinnlos, beinahe wie eine schlechte Imitation.

Immer wieder halten Sie das flache, runde Stück aus gebranntem Ton in die Sonne und lesen. „...Doch es ist deine Welt, mein lieber Mogliar. Hier zählt einzig und allein dein Wollen!"

Nachdenklich fahren Sie mit dem glatten Rand der flachen Tonscheibe über Ihre Lippen: „... einzig und allein mein Wollen ...".

Mit liebesgestähltem Willen erheben Sie sich, packen die Tür und schließen sie mit ganzer Kraft. Die zahlreichen Ritzen in Tür und Wänden lassen gerade noch so viel Licht herein, dass Sie das Hütteninnere deutlich erkennen können. Dann setzen Sie sich auf den Boden, lehnen Ihren Rücken an die bröckelige Lehmwand und mustern die morschen Stämmchen, die feuchten, von Schimmel überzogenen handgeschlagenen Bretter und die schwarzen, bereits weitgehend von Fäulnis und Ungeziefer zerstörten Felle Ihrer Bettstatt.

Mit der Kraft Ihres Willens beginnen Sie nun die Stämmchen, die Ihr Bett stützen, wieder neu und frisch werden zu lassen. Sie sehen, wie die zuvor in Stücken herabhängende Rinde wieder fest das Holz umschließt, der Schimmel verschwindet und die Fellfetzen sich zu einer sauberen und trockenen Unterlage vereinen. Die Umrisse werden harmonisch und betttypisch. Am Kopfende formt sich ein Kissen aus Leinen, mit frischem, duftenden Heu ausgepolstert, während am Fußende eine ebenfalls mit Heu gefüllte Leinendecke zum gemütlichen Verweilen einlädt.

Sie stehen auf, entkleiden sich und schlüpfen unter die frische, nach Heu duftende Decke. Dann blicken Sie hoch zum Hüttendach, und die Löcher in den Schilfmatten verschwinden. Sie blicken auf die Spalten in der Hüttenwand und schließen sie mit Ihrer Willenskraft. In Gedanken wandern Sie umher in der nun stockdunklen Hütte und beseitigen alle Spuren des Zerfalls.

Dann richten Sie Ihre heilende Aufmerksamkeit auf die Welt außerhalb Ihrer Hütte. Und Sie wissen, dass auf dem Vorplatz des Dorfes wieder ein buntes Treiben herrscht, dass ein Feuer brennt, an dem Speisen gegart werden. Sie wissen, dass am Waldrand Kinder *spielen und alte Frauen im Schatten ihrer Hütten Körbe flechten. Sie wissen, dass draußen der Sommer in vollem Gange ist, dass die Luft nach Wald und Fluss riecht, dass es heute Nachmittag angenehm warm sein wird, so warm, dass Sie sich jetzt schon auf ein erfrischendes Bad in der Donau freuen.*

Vor allem aber wissen Sie, dass Dania gerade auf dem Weg zu Ihrer Hüte ist, dass sie in diesem Augenblick den Dorfplatz überquert und jetzt die Stufen zu Ihrer Hütte empor steigt.

Sie erheben sich von Ihrem nach Heu duftenden Lager. Da öffnet sich auch schon die Hüttentür und gibt Raum für die pralle überschwängliche Pracht eines herrlichen Sommertages. Mitten darin steht Dania mit weit ausgebreiteten Armen. Als Sie Ihre Liebste fest an sich drücken, sich an ihrer wohlig vertrauten Nähe berauschen und ihren angenehmen verführerischen Duft tief in sich einatmen, haben Sie das endlich wieder das Gefühl, Sie selbst zu sein.

Unerledigte Alltagsprobleme – eine Gefahr für die Nachtodeswelt

Mit dem Tod verlassen Menschen die Lebenswelt, die sie mit ihren Mitmenschen gemeinsam hatten. Eigentlich sollte man annehmen, dass damit alle Fragen des bisherigen Lebens abgeschlossen und alle

Probleme gelöst sind. Doch Sterbende nehmen ihr Wissen mit in die Nah- und Nachtodeswelt, und mit ihm ihre offenen Fragen und ungelösten Probleme.

Das gesamte Wissen eines Menschen bezeichnet man als seinen persönlichen Wissensvorrat. Ein Teil dieses Wissens ist problematisch. Seine Fraglichkeit ergibt sich aus seiner Unvereinbarkeit mit anderen Elementen des persönlichen Wissensvorrats. Solche Unvereinbarkeiten treten beispielsweise auf, wenn die Handlungen einer Person nicht von ihren persönlichen Motiven getragen werden oder wenn die Ergebnisse ihres Handelns nicht mit den angestrebten Zielen übereinstimmen. Geht es dabei um Moralvorstellungen oder um Werte die der Person viel bedeuten, dann hat sie in der Nachtodeswelt möglicherweise ein Problem. Alltagssprachlich nennt man solche Unvereinbarkeiten Sünden! Sünden müssen getilgt oder <aufgearbeitet> werden – und da die Nachtodeswelt eine Erlebenswelt ist, hat dieses Aufarbeiten immer die Form eines Erlebens von Leid, also eines Büßens.

Man sollte so wenig Schuld- und Verantwortungsprobleme wie möglich mit in das persönliche Jenseits nehmen. Das heißt: Unvereinbarkeiten im Wissensvorrat sollten möglichst noch im Diesseits ausgeglichen oder gelöscht werden. Machen Sie hier Ihre Sünden wieder gut! Um die Tilgung dieser Sünden kommen Sie früher oder später sowieso nicht herum. Meist ist es leichter, die Sünden in dem Leben zu tilgen, in dem sie verursacht wurden, als sie in die Welt jenseits der Schwelle zu tragen.

So verringern Sie Unvereinbarkeiten in Ihrem persönlichen Wissensvorrat:

- Vermeiden Sie möglichst, anderen Menschen (und Lebewesen) Schaden zuzufügen. Wenn Sie anderen Menschen Schaden zugefügt haben, dann versuchen Sie ihn baldmöglichst wieder gut zu machen. Wenn sich der Schaden nicht mehr gut machen lässt (etwa weil die Person, der geschadet wurde, nicht mehr lebt), muss eine symbolische Wiedergutmachung genügen. Wo es geht, sollten Sie sich persönlich mit dem Menschen, dem Sie geschadet haben, in Verbindung setzen. Es ist immer gut, ihm die Gelegenheit zu geben Ihnen zu verzeihen.
- Regeln Sie rechtzeitig Ihre Angelegenheiten auf Erden. Machen Sie ein Testament, in das Sie alle Ihre Wünsche hineinschreiben.
- Tun Sie anderen Menschen und Lebewesen bewusst Gutes. Dadurch schaffen Sie sich Verbündete für kritische Nachtodessituationen. Möglicherweise hilft Ihnen die Kröte, die Sie von der Straße gerettet haben, beim Kampf mit dem Teufel, der Sie ins Feuer stoßen will ...
- Lassen Sie auch sich möglichst keinen Schaden zufügen. Ärger, Zorn und Hass sind kein gutes Gepäck für Ihre Nachtodeswelt.
- Machen Sie aus Ihrem Leben ein Ganzes. Grenzen Sie keine Erfahrung aus Ihrem Le-

ben aus. Alles was Sie erlebt haben, ist Teil Ihrer Lebensgeschichte – und Ihre Lebensgeschichte, das sind Sie. Sie Kommen um eine Annahme Ihrer Lebensgeschichte ohnehin nicht herum.

- Seien Sie echt. In Ihrem persönlichen Jenseits ist kein Platz mehr für Rollenspiele. Im Paradies werden keine Masken getragen.

In der Stunde Ihres Todes sollten Sie mit möglichst wenig störendem Ballast auf der Seele in Ihr persönliches Jenseits eingehen. Wie viel an seelischem Ballast Sie mit sich tragen, erkennen Sie daran, was alles in Ihren Gedanken auftaucht, wenn Sie die Übung der Gedankenbeobachtung durchführen.

Danias langes, blondes Haar streift Ihren nackten Oberarm. Sie dreht den Kopf und weist auf den gelbgrünen Schilfgürtel, hinter dem im Sonnenlicht die blaue Wasserfläche der Donau funkelt. Sie wissen, was sie Ihnen sagen will. Gemeinsam laufen Sie in der lieblichen Wärme eines herrlichen Sommervormittags über den Dorfplatz zum Fluss, vorbei an freundlich grüßenden Dorfbewohnern in ihren Umhängen aus Fellen und groben Leinen.

Und wieder stehen Sie am Fluss auf dem Holzsteg im Schilf und genießen den herrlichen Sommertag. Doch diesmal hören Sie keine Frösche. Kein Grund zur Beunruhigung. Sie beschließen einfach, dass

Froschgequake Bestandteil Ihrer erlebten Situation ist – und schon hören Sie es quaken, vielfältig, aus allen Richtungen. Auch den Geruch nach Wald und Schilf machen Sie eine Spur intensiver, das Wasser etwas klarer und den Wind eine Spur milder. So, jetzt fühlen Sie sich richtig wohl.

Als Sie sich vom Ufer forttreiben lassen, erklingt Danias liebliche Stimme zwischen all den Wassergeräuschen wie ein selbstverständlicher Teil der Sie umgebenden Natur: „Du hast richtig gehandelt, Mogliar. Genau richtig!"

So stabilisieren Sie Situationen Ihrer Nachtodeswelt

Können Sie sich noch an die Beschreibung der Phasenfolgen des Sterbens erinnern? Die Gesamtstruktur des persönlichen Wissensvorrates einer Person führt zu einer ganz bestimmten Erlebenswelt. Meist ist die Erlebenswelt des Sterbens noch von den letzten Eindrücken aus der Welt der Allgemeinheit geprägt, die der Sterbende gerade verlassen hat. Dadurch erklären sich Erlebnisse, wie die Erscheinung des eigenen Körpers auf einem Krankenhausbett, umringt von Ärzten und besorgten Angehörigen. Hinzu kommt das Wissen, das der betreffende Mensch mit solchen Situationen in Verbindung bringt. Wenn etwa schon vor langer Zeit verstorbene Verwandte und Bekannte, Engel oder gar Jesus Christus am Sterbebett auftauchen, dann handelt es sich um Elemente des persönlichen Wissensvorrates, die eine thematische Verbindung zur Situation des Sterbens besitzen. Diese Verbindung hat die sterbende Person während ihres Lebens gelernt. Die Situation, die bis kurz vor dem Tode eines Menschen bestand, sein Wissen um seinen Zustand und seine Erwartungen oder Befürchtungen sind alles Bausteine seines Jenseits.

Die folgenden Strategien wurden ursprünglich dazu entwickelt, um angenehme luziden Situationen zu verlängern und unangenehme in angenehme zu verwandeln. Wegen der Ähnlichkeit luzider Erlebnisse zu Nahtodeserlebnissen sind sie wahrscheinlich auch im Jenseits der Nah- und Nachtodeswelten anwendbar. Voraussetzung ist natürlich, dass auf die Nahtodeswelt eine Nachtodeswelt folgt, also dass es nach den Sterbeerlebnissen weitere Erlebnisse gibt.

Die Grundstimmung einer Nachtodessituation erkennen Sie an Ihren Gefühlen und den sie begleitenden Erlebnissen. Ist beispielsweise Ihre Grundstimmung freudig, dann werden Sie in Ihrer Nachtodeswelt auch immer Erlebnisse haben, die Ihnen diese Freude erklärbar machen. So werden Sie bei dem Gefühl der Freude immer auf Gründe für die Freude stoßen: Ich freue mich, weil ich verstorbene Freunde und Verwandte wieder sehen durfte; ich freue mich, weil ich jetzt in einer Welt lebe, in der die Sonne scheint; ich freue mich, weil ich mich gerade in meinen Traumpartner verliebt habe.

Durch die Flankierung der Grundstimmung der Nachtodeswelt durch ihre eigenen Begründungen stabilisiert sie sich selbst. Doch aufgrund der Änderung des Bestandes an Wissen durch das Erleben (wir erinnern uns: jedes Erlebnis verändert den persönlichen Wissensvorrat) steht früher oder später ein Umkippen der aktuellen Situation an, so wie das im Tibetischen Totenbuch beschrieben wird. Sie erkennen eine bevorstehende Änderung der bestehenden Nachtodessituation, wenn sie keine rechte Freude mehr macht und langweilig wird, wenn die Farben verblassen und Ihre Gefühle trübe und verwaschen werden.

Plötzliche Änderungen im Erleben können sich auch anbahnen, wenn eine Situation schon lange ohne die geringste Änderung bestand. Gerade wenn lange Zeit nichts passiert, können Änderungen dramatisch ausfallen. Werden Sie daher bei glatten Situationsverläufen sowohl in luziden Träumen als auch in Nachtodeswelten immer misstrauisch und hinterfragen die Gesamtsituation. Alleine dieses gesunde Misstrauen rüttelt an den Grundfesten der bestehenden Situation und zeigt Ihnen, wie stabil sie wirklich ist.

Jedes Kippen einer bestehenden Nachtodes-Gesamtsituation hat seine Ursache in einem entstandenen Ungleichgewicht innerhalb Ihres persönlichen Wissensvorrats. Manchmal kann es für Sie wichtig sein, die bestehende Situation für einige Zeit zu erhalten, beispielsweise weil Sie noch Sünden abarbeiten wollen (im Sinne einer Wiedergutmachung oder Tilgung von Schuld) oder weil Sie sich noch nicht reif für eine neue Situation fühlen. Wenn Ihnen eine Nachtodeswelt zu einseitig ausgerichtet erscheint und Sie befürchten, dass ein Kippen der Situation unmittelbar bevorsteht, Sie aber noch eine Weile die bestehende Situation aufrecht erhalten wollen, dann entschärfen Sie behutsam die aktuelle Situation. Erhöhen Sie das Gewicht der diese Situation stützenden wissensmäßigen Elemente:

- Schaffen Sie sich eine stabilisierende Erwartungshaltung gegenüber Ihrer luziden Welt. Beispiel: „Ich weiß, dass draußen immer die Sonne scheint und neben dem Hauseingang immer ein blühender Birnbaum steht". Doch Vorsicht! Erwartungshaltungen können enttäuscht werden.

- Verdoppeln Sie die Situation zeitlich, indem Sie die Eingangsfaktoren Ihrer aktuellen Situation variieren und dieselbe Situation unter leicht veränderten Vorzeichen nochmals durchleben (beispielsweise mit anderen Menschen an anderen Orten).

- Verleihen Sie der aktuellen Situation einen höheren Grand an Wichtigkeit, indem Sie ihre Weil-Motive freilegen und mit in die Situation hereinnehmen. Das Freilegen von Weil-Motiven während des luziden Erlebens ist leichter als es auf den ersten Blick erscheint. Meist genügt bereits der Gedanke: „Was hat zu der Situation, in der ich mich befinde, geführt?" Achten Sie darauf, dass Sie durch den Bezug auf Weil-Motive nicht eine bereits abgelaufene (und möglicherweise negative) Gesamtsituation wieder neu heraufbeschwören.

- Schaffen Sie sich in der luziden Welt feste Beziehungen in Form von routinierten Ablaufstrukturen. Besonders geeignet dafür sind einfache Wenn-dann-Beziehungen. Beispiel: Wenn ich auf den Knopf drücke, wird es hell. Wenn ich an der Flasche reibe, dann erscheint ein hilfreicher Geist.

- Verlagern Sie aufkeimende Änderungen auf Nebenschauplätze. Oftmals machen sich ungeplante Veränderungen in Ihrer luziden Traumwelt (und möglicherweise auch in der Nachtodeswelt) bereits einige Zeit vor ihrem Auftreten bemerkbar, indem sie die Gesamtsituation mit ihrem spezifischen Charakter anfärben. Versuchen Sie die Gründe für diese Änderungen (schlechtes Gewissen, Leid, Missgeschick, Misserfolg) ausfindig zu machen, formen daraus einen Film und stellen sich vor, dass Sie sich den Film auf der Leinwand ansehen. Sie können auch versuchen, einen Doppelgänger von sich zu erschaffen und ihn einen Teil der anstehenden Erlebnisse an Ihrer Stelle durchstehen lassen.

Meist können Sie mit diesen Kunstgriffen zwar die Gesamtsituation (eines luziden Traums und wohl auch der Nachtodeswelt) einige Zeit erhalten. Dauerhaft können Sie das Kippen der Gesamtsituation nicht verhindern. Daher ist es manchmal ratsamer, eine sich anbahnende Veränderung vorwegzunehmen. Das bringt Ihnen unter Umständen den Vorteil, dass das Neue nicht mit ungezähmter Macht über Sie hereinbricht, sondern gesteuert entsteht.

Weich und sanft trägt Sie das Wasser mit sich fort. Behutsam schaukelt es Ihre beiden eng umschlungenen Körper stromabwärts, wiegt Sie wie in Zeitlupe an kleinen, dicht mit Buschwerk bewachsenen Inseln vorbei. Wieder empfinden Sie dieses intensive Gefühl der Vereinigung mit Dania, eine Vereinigung, die den ganzen Körper umfasst, sehen ihr lieblich lächelndes Gesicht, ihre im Wasser schwimmenden langen Haarsträhnen und – ihre rechte Hand die den Faustkeil hält.

Auf Ihren fragenden Blick hin holt sie weit aus und wirft den Faustkeil in hohem Bogen in die Fluten der Donau: „Den brauchen wir jetzt nicht mehr, Mogliar, denn wir haben erkannt, dass alles in dieser Welt unseren Gedanken gehorcht." Mit vor Verwunderung offenem Mund treiben Sie im Wasser neben ihr. Was Sie so sehr erstaunt, ist nicht der Inhalt ihrer Worte, sondern dass Sie jedes Wort schon gehört haben, bevor es von Dania ausgesprochen wurde.

Der Fluss macht eine weite Biegung, wird etwas schmäler und die Fahrt schneller. Die Umgebung erinnert Sie an eine der zahlreichen Kaffeefahrten des einundzwanzigsten Jahrhunderts. Und plötzlich sehen Sie es: Ihr eigenes Lächeln. Sie sehen Ihr Gesicht vor der Kulisse der gemächlich vorbeiziehenden Donaulandschaft mit den Schilfgürteln und Nebenarmen, mit Sandbänken und Inselchen. Sie sehen Ihr Gesicht mit Danias Augen und hören mit Danias Ohren Ihre eigene Stimme:

„Wundere dich nicht, Liebes, wir sind ein und dieselbe Person. Du warst schon immer ein Teil von mir und ich war schon immer ein Teil von dir. Wir sind ein Sein. Und jeder von uns ist nur ein Aspekt dieses Seins - ich bin der männliche und du der weibliche. Es gibt aber noch viele weitere Aspekte unseres Seins, die jetzt neu und ungewohnt für uns sind, weil wir sie in unserem Leben in der Welt der Allgemeinheit nicht bemerkt haben. Denk nur an die vielen Stammesmitglieder im Dorf am Fluss – alles Aspekte unseres Seins. Denk an deinen Vater Semlet. Denk an die Hexe im Wald.“

Sie legen Ihre Hand um Mogliars Schultern und ziehen ihn ganz fest an sich. Das Wasser der Donau trägt Sie durch eine herrliche, sommerlich-urwüchsige Flusslandschaft, und Sie genießen es aus vollstem Herzen Frau zu sein ...

So destabilisieren Sie Situationen Ihrer Nachtodeswelt

Wenn Sie eine sich anbahnende Veränderung Ihrer luziden Jenseitswelt vorwegnehmen wollen, sollten Sie Wissenselemente, die diese alte Situation tragen, schwächen. Dementsprechend sollten Sie Wissenselemente, die eine neue, von Ihnen gewünschte Situation tragen, stärken.

- Schwächen Sie die tragenden Wissenselemente Ihrer aktuellen Situation, indem Sie sie für unwichtig erklären. Stellen Sie beispielsweise die Situation in Beziehung zu Ihren wichtigen Wünschen und Zielen. Dieser Kunstgriff hat jedoch nur Sinn, wenn die aktuelle Entwicklung nicht bereits Ihren Zeilen entspricht oder sogar auf direktem Wege zu dem ersehnten Ziel führt.
- Stellen Sie den Wissenselementen, die eine Situation tragen, widersprechende Wissenselemente an die Seite. Sie werden für jede Behauptung eine Gegenbehauptung finden. Lassen Sie in Ihren luziden Träumen Fachleute auftreten, die die Grundlagen der aktuellen Situation bezweifeln.
- Führen Sie die fraglichen Elemente der Situation einer Lösung zu, indem Sie (in Form kleiner Geschichten) Ihre Sünden wieder gut machen oder für offene Fragen eine Antwort erfinden.

Die von mir geschilderten Kunstgriffe des Stabilisierens und vorzeitigen Ablösens von Gesamterlebenssituationen sind in luziden Träumen erprobt. Auf ihre Wirkung in Nachtodeswelten kann nur aus der Ähnlichkeit von luziden Zuständen zu Nachtodeserlebnissen geschlossen werden.

Sie erwachen auf dem weichen, nach Heu duftenden Lager in der behüteten Atmosphäre Ihrer Hütte. Durch das Fenster dringen die Wärme, das Aroma und die Klangfülle eines prallen Sommervormittages. Vorsichtig betasten Sie Ihren Körper. Ja, es ist der von Mogliar. Und Dania?

Mit dem Nachhall dieser Gedanken sind Sie auch schon bei Dania. Zunächst eher als Zuhörer ihrer Empfindungen, doch dann als Ihr eigenes weibliches Sein: Sie stehen am Fluss, hören, wie der milde Sommervormittagswind das Schilf zum Rauschen bringt und fühlen Ihren reinen, ebenmäßigen, jungen weiblichen Körper.

Die Fähigkeit in zwei Körpern zu existieren verwirrt Sie. Schon sind Sie wieder zurück in der nach Holz und Heu duftenden Hütte, liegen im Schummerlicht des kleinen, halbgeöffneten Fensters auf dem Lager aus groben Leinen und blicken zur Decke aus Birkenbälkchen und Schilfrohr.

Die Situation vermittelt eine eigentümlich Entspanntheit, verbunden mit der aufkeimenden Frage, was die Zukunft bringen mag. Ja, Zukunft, was ist das?

Eigentlich können Sie sich wohl und sicher fühlen. Ihre Lebenswelt entspricht Ihren Wünschen. Sie haben sie vollkommen unter Kontrolle. Keine Frage, wenn jetzt etwas Unvorhergesehenes geschähe, wenn etwa wieder eine Hexe käme oder trübsinniges Regenwetter – Sie könnten jedes Problem mit einem einzigen Gedanken lösen.

Sie fühlen eine unbeschreibliche Macht. Die Erfüllung aller Ihrer Wünsche erscheint Ihnen spielend leicht. Zugleich erkennen Sie gerade hierin ein wachsendes Problem, auf das Sie bisher viel zu wenig geachtet haben. Die Frage heißt jetzt nämlich nicht mehr: „Wie erfülle ich mir diesen oder jenen Wunsch?" Die Frage heißt vielmehr: „Habe ich überhaupt noch etwas, das ich mir wünsche? Kann es sein, dass auch die üppige Pracht eines wunscherfüllten Daseins in öder Langeweile erstarrt?" Schnell verdrängen Sie diesen Gedanken, bevor er sich in Ihrer Nachtodeswelt verwirklichen kann.

Aber was wollen Sie noch erleben? Was gibt Ihnen den Kick? Danias Vater von der rothaarigen Hexe entführen lassen und ihn dann in einer aufwendigen und abenteuerlichen Rettungsaktion befreien? Einmal für einige Zeit als Baum leben, Sonne, Wind und Regen spüren? Äonen als Fels im Wald verbringen, Moos auf sich wachsen lassen? Oder für einige Jahrhunderte als Fluss durch eine urwüchsige Landschaft fließen, reiches Leben in sich tragen, am Land lecken und sich pausenlos mit dem Meer vereinen?

Ja, es würden Ihnen schon einige interessante Erlebnisse einfallen. Doch sie lösen nicht Ihre Frage nach einem endgültigen Ziel.

Sie drehen sich auf Ihrem nach Heu duftenden Lager auf die Seite und blicken hoch zum halbgeöffneten Fenster aus Holzbälkchen. Eigentlich haben Sie hier ein wundervolles Dasein. Sind Ihre Sorgen vielleicht Überbleibsel aus Ihrem letzten Leben in der Welt der Allgemeinheit? Ja, es wäre ein reizvolles Ziel, zu verhindern, dass Sie solche unangenehmen Erfahrungen, wie in Ihrem Erdenleben vor dem Tod Ihres irdischen Körpers, noch einmal durchleben müssen.

Zunächst jedoch wollen Sie sich erholen, lange erholen und Kraft schöpfen. Sie wollen die milde liebliche Sommerurlaubswelt in Ihrem Steinzeitdorf am Fluss genießen. Faulenzen wollen Sie – meinetwegen eine halbe Ewigkeit, bis Ihnen die Sommerwelt zu den Ohren herauskommt! Abenteuer wollen Sie erleben – mit Dania und als Dania, zur Not auch mit der rothaarigen Hexe. Liebe, Zärtlichkeit und Glückseligkeit. Mein Gott, wie dürstet Sie danach! Endlich können Sie Ihren Hunger nach Liebe und Zärtlichkeit zugeben, sich selbst eingestehen und ohne Gewissensbisse stillen.

Sie liegen bequem in Ihrer Hütte, draußen blüht ein herrlicher Sommertag und Sie fühlen unendliches Glück in Ihrem Herzen. Tränen der Freude rinnen Ihre Wangen hinab, machen es Ihnen schwer zu atmen. Wie kleingläubig waren Sie doch in Ihrem Alltagsleben! Sie beginnen zu lachen. Tränen fließen, und Sie lachen, ringen nach Luft zwischen all dem

Gekluckse und Geschniefe. Dann drehen Sie sich wieder auf den Rücken und fühlen, dass nun alles gut ist, unzerstörbar gut!

4 Und wenn hinter dem Jenseits ein weiteres Leben wartet ...

Die Totenbücher der Menschheit berichten von wiederholten Verkörperungen in verschiedensten Lebenswelten. Auch aus der Sicht der Erlebenstheorie ist eine Wiederverkörperung denkbar.

Wiederverkörperung und persönlicher Wissensvorrat

Wenn ein Individuum zu sterben beginnt, trennt sich seine individuelle Erlebenswelt von der Welt, die es bisher mit anderen Menschen und Lebewesen gemeinsam hatte. Es ist wahrscheinlich, dass sein Erleben dadurch nicht zum Stillstand kommt. Es geht weiter – einige Zeit zumindest. Wir wissen das aus den Berichten sterbender und wieder belebter Menschen. Zugleich haben wir festgestellt, dass die Erlebnisse während des Sterbens mit dem Wissen unserer Welt nicht zufriedenstellend erklärbar sind.

Nach seiner Trennung von der mit anderen Menschen gemeinsamen Lebenswelt ist das gestorbene Individuum auf sich selbst gestellt. Es kann keine neue Erfahrung mehr über seine Sinnesorgane aufnehmen, sondern ist in seine ureigene Lebenswelt zurückgeworfen. All seine Erlebnisse entspringen nun seinem persönlichen Wissensvorrat, also den

Erfahrungen, die es während seines Erdenlebens angesammelt hat. Doch das Erleben des Sterbenden (und Verstorbenen) *beruht* nicht nur auf seinem persönlichen Wissensvorrat, es *verändert* ihn auch. Jedes neue Erlebnis führt dem Wissensvorrat neues Wissen zu und verändert so seine eigene Grundlage im Sinne einer Vereinfachung und Vereinheitlichung. Ähnlich wie die einzelnen Lösungsschritte einer komplizierten Rechenaufgabe zu immer einfacheren Lösungen führen, führt das Erleben in Nachtodeswelten zu immer einfacheren aber zugleich immer ausgereifteren Wissensstrukturen im persönlichen Wissensvorrat. Diese Vereinheitlichung des Bestandes des persönlichen Wissensvorrates des Individuums ist gleichzusetzen mit einem Verarbeiten seines Lebenswissens, mit einem Bewältigen seiner persönlichen Geschichte und mit einer Zunahme an Weisheit.

Am Ende dieses Veredelungsprozesses steht ein geklärter Wissensvorrat. Das Individuum wäre nun in der Lage neues Wissen aufzunehmen – Wissen, das es aufgrund der Inselstruktur seines eigenen Wissensvorrates nicht bilden kann. Möglicherweise nimmt nun das Interesse des Individuums an einer neuen interindividuellen Erlebenswelt wieder zu. Das Individuum ist bereit für eine neue Verkörperung.

Die lange Zeit der Erholung hat Ihnen gut getan. Sommer, Liebe und Natur in der nicht enden wollenden Sicherheit des Steinzeitdorfes am Fluss. Sie in Danias Armen und Sie in Mogliars Armen – Sie als er und Sie als sie. Sommersatt und glücklich fühlen Sie sich bereit zu neuen Taten.

Sie haben auch bereits eine recht konkrete Vorstellung, wie Ihre neue Lebenswelt aussehen soll. Während Ihrer Spaziergänge an Danias Seite im Wald, während Ihrer Badefreuden an Mogliars Seite im Fluss, hatten Ihre Pläne viel Zeit zum Reifen. Und nun entwickeln sie ihre eigene Kraft, drängen Sie zum Aufbruch.

Noch einmal zurückkehren wollen Sie. Zurückkehren in Ihre alte Lebenswelt, an die Stelle in der Geschichte, an der die Tragödie des zwanzigsten Jahrhunderts ihren Ausgang nahm. Jahrzehnte vor dem ersten Weltkrieg wollen Sie in die Rolle einer wichtigen Person schlüpfen und gut machen, was gut zu machen ist.

Sie treten noch einmal vor Ihre Hütte in die lebendige Lust eines prallen Hochsommertages, tanken noch einmal dieses unbeschreibliche Gefühl des Bei-sich-Seins, betrachten Ihre Stammesmitglieder bei der einfachen Arbeit und saugen noch einmal jene gesunde, liebevoll-würzige Waldmoorluft in Ihre Lungen.

Dann gehen Sie zurück in Ihre Hütte, legen sich auf Ihr Bett und lassen es draußen dunkel werden ...

Der Weg zurück in die nächste Lebenswelt

Da das Individuum in seinem persönlichen Jenseits einzig und allein aus seinem persönlichen Wissensvorrat besteht, muss sein Übergang in eine neue interindividuelle Lebenswelt (seine Wiederverkörperung) den gleichen Gesetzen folgen, wie sein Abgang aus der alten interindividuellen Lebenswelt (sein Sterben). Das heißt, der Übergang muss erlebensgesteuert und erlebensbasiert sein. Nach den Aussagen der Erlebensphilosophie schafft sich ein Individuum dann Anschluss an eine neue interindividuelle Lebenswelt, wenn es aufgrund seines persönlichen Wissensvorrates ein vom Typus her ähnliches Erleben produziert, wie es auch von anderen Individuen produziert wird. Wenn beispielsweise zwei Wesen in ihren persönlichen Erlebenswelten Hell-Dunkel-Erlebnisse erschaffen, dann leben sie gemeinsam in einer Welt, in der es Hell-Dunkel-Erlebnisse gibt (vgl. mein Buch <Die wesenszentrale Perspektive>). Wie diese Erlebnisse später gedeutet werden (beispielsweise als die Effekte des Lichteinfalls auf die Netzhaut des Auges und ihre Verarbeitung als Gehirnerregungsmuster) ist Sache der sich in dieser Lebenswelt später bildenden (oder bereits gebildeten) Naturgesetze und ihrer interindividueller Erklärungsformen.

In einer ausgereiften interindividuellen Lebenswelt wie der unseren muss der Vorgang des <In-die-Welt-Kommens> natürlich im Rahmen der anerkannten Erklärungsformen beschreibbar sein. So ist in unserer

Welt der Vorgang des In-die-Welt-Kommens beschreibbar und erklärbar als Gezeugt-Werden, Wachsen als Embryo und Geboren-Werden. Innerhalb so eines Erklärungssystems (in unserer Welt ist es das materialistische) müssen alle Vorgänge logisch aufeinander zurückführbar sein. Es sind aber durchaus Welten vorstellbar, in denen der Vorgang des In-die-Welt-Kommens ein anderer ist als der des Geboren-Werdens.

Es wäre von unschätzbarem Wert, sich seine Lebenswelt aussuchen zu können. Gibt es denn Möglichkeiten den Übergang von der persönlichen Nachtodeswelt in eine neue Welt der Allgemeinheit bewusst zu steuern?

Alle Ratschläge, die für diese sehr späte Phase des Nachtodes (die eigentlich eine Vorlebensphase ist) gegeben werden können, beruhen auf Spekulationen aufgrund der Ähnlichkeit von Nahtoeserleben und luziden Träumen auf der Basis der Philosophie des Erlebens.

Erinnern wir uns noch einmal daran, wie wir unsere interindividuelle Lebenswelt definiert haben: Interindividualität wird dadurch hergestellt, dass Einzelindividuen sehr ähnliche (aber nicht gleiche) Erlebnisse haben. Identisch können die Erlebnisse zweier Individuen nie sein, sonst hätten die Einzelindividuen den gleichen Wissensvorrat und es handelte sich in Wirklichkeit um ein und dasselbe Individuum. Zu sehr voneinander unterscheiden dürfen sich die Erlebnisse der Individuen einer gemeinsamen Lebenswelt jedoch auch nicht, weil sonst keine interindividuelle Erlebenswelt zustande käme. Um in die interindividuelle Welt Ihrer Wahl zu gelangen, sollten Sie daher in der Lage sein in Ihrer Nachtodeswelt die erlebensmäßigen Grundlagen dafür zu schaffen.

Und so könnte es funktionieren:

Werden Sie sich zunächst über Ihre wirklichen Ziele klar. Es sollte sich um Ziele handeln, die über Ihr aktuelles Leben hinausreichen. „Mich persönlich so weiterzuentwickeln, bis ich absolute Autonomie über mein Leben habe" wäre beispielsweise so ein übergeordnetes Ziel; oder: „In meine frühere Alltagswelt an prominenter Stelle zurückkehren und die Weltgeschichte in friedlichere Bahnen lenken".

Wenn Sie klug sind, dann stellen Sie sich dieser Aufgabe nicht erst im Augenblick Ihres Todes (da haben Sie bestimmt andere Probleme!) oder in Ihrer Nachtodeswelt, sondern bereits jetzt in jeder Situation Ihres aktuellen Alltagslebens. Bedenken Sie, dass Ihr jetziges Alltagsleben das Vorspiel zu Ihrer kommenden Nachtodeswelt ist.

Als nächstes entwerfen Sie Phantasiewelten, die Ihren ureigensten Wünschen und Zielen entsprechen. Halten Sie sich im luziden Zustand in den Welten Ihrer Wahl auf. Lernen Sie die Ablaufregeln dieser Welten kennen. Ändern Sie diese Regeln nach Ihren Bedürfnissen. Schaffen Sie sich in Ihren luziden Träumen die Idealwelten, in denen Sie <Mitglied> werden wollen.

Der Weg durch die Nachtodeserlebnisse hindurch in eine neue Alltagswelt ist wahrscheinlich auch ein Weg des Vergessens. Das heißt, es kann sein, dass alle Planungen, Ziele und Übungen vergebens sind. Wer kann sich schon an frühere Leben erinnern? Manche Totenbücher verorten das Vergessen in die Phase des Heranwachsens im Leib einer neuen Mutter. Die Beurteilung, inwieweit diese Darstellung mit materialistischen Ansichten vermengt ist, überlasse ich Ihnen. Im Rahmen der Erlebensphilosophie könnte sich das Vergessen ganz einfach mit der Reduzierung des persönlichen Wissensvorrates erklären lassen.

Ganz gleich wie es sich erklären lässt, fest steht, dass sich mit unserer Erlebenswelt auch das Wissen von dieser Welt ändert. Deshalb empfehle ich für den Fall des großen Vergessens eine Art Notausrüstung - Verhaltensweisen für den Fall des Eintritts in eine neue Alltagswelt:

- Achten Sie auf die Klarheit der Erscheinungen. Wenn Sie die Wahl haben zwischen trüben verwaschenen und klaren, strahlenden optischen oder akustischen Erscheinungen, dann wählen Sie immer die klaren.
- Sorgen Sie dafür, dass die Situationen Ihres Erlebens eindeutig sind. Lassen Sie sich nicht mit uneindeutigen Situationen ein.
- Achten Sie auf die Eindeutigkeit Ihrer Gefühle. Suchen Sie keinen Anschluss an Alltagswelten, mit denen Sie nicht ein eindeutiges

Gefühl der Richtigkeit verbinden. Richtigkeit kann durchaus harte Arbeit und Schmerz bedeuten. Wenn Sie das brauchen, dann wählen Sie diese Welt. Wählen Sie aber nie eine Welt, der gegenüber Sie nur verwaschene und widersprüchliche Gefühle aufbringen.

• Versuchen Sie immer bewusst zu bleiben. Kontinuierliches Bewusstsein können Sie bereits jetzt in Ihrem Lebensalltag üben, indem Sie alles was Sie tun möglichst bewusst tun und indem Sie alles was Sie denken möglichst bewusst denken.

• Möglicherweise hilft Ihnen bei dem Weg in die neue Alltagswelt auch die Verinnerlichung eines Mantras. Gut geeignet, weil leicht zu merken, sind: Reine, absolute Klarheit. Klares, dauerhaftes Bewusstsein.

Ob es sinnvoll ist, die eigene Nachtodeswelt zu verlassen und Anschluss an eine neue interindividuelle Welt zu suchen, wird unter den Autoren der Nachtodesliteratur kontrovers diskutiert. Die wohl bekanntesten Anleitungen für Jenseitsreisen, die Bardo-Anweisungen des Tibetischen Totenbuches, sehen es als höchstes Ziel an, dem Kreislauf des Werdens und Vergehens zu entkommen. Erreichen können Sie das auch, indem Sie in Ihrer Nachtodeswelt verbleiben und sie ausreifen lassen. Doch die erhabene Leere ist möglicherweise nicht stabil. Und wer weiß schon, ob dann nicht eine Gesamtwiederholung Ihrer Lebensreise ansteht ...

... ein Klopfen reißt Sie aus Ihren Gedanken. Sie können den schweren Atem der Kammerfrau selbst hinter der dicken, weißen, mit goldfarbenen Ornamenten verzierten Zimmertür hören. „Prinzessin, warum habt Ihr schon wieder Euer Zimmer zugesperrt!"

Wieder ein Klopfen. „Prinzessin, ich muss Euch doch herrichten". Der unverwechselbar liebliche Akzent des Salzkammergutes klingt trotz der fordernden Worte sehr versöhnlich in Ihren Ohren.

„Die Herzogin Ludovika ist schon längst unten. Mein Gott, es stimmt also, was über Euch erzählt wird. Was seid Ihr doch für ein Dickschädel!"

Sie liegen auf Ihrem Bett, betrachten die hohe, saubere, weiße Zimmerdecke und fahren mit Ihrem Blick an den goldverzierten Abschlussleisten der in dezentem Rot-Weiß gestrichenen Wände entlang. Was für ein Unterschied zu der Hütte an den Ufern der Donau, die manchmal noch in Ihren Träumen auftaucht! Es riecht hier ganz anders als in Ihren Träumen vom großen Fluss; sehr sauber, nach frischer Wäsche - und nach Pferd. Aber von draußen, da erklingen an diesem warmen Augustabend des Jahres 1853 immer noch die gleichen Vogelstimmen wie in Ihrem Paradies am steinzeitlichen Fluss.

Sie stehen auf, gehen zum halb geöffneten, fast bis zur Zimmerdecke ragenden Fenster und schnuppern genüsslich die klare Gebirgsluft. Vor dem Portal ist gerade eine Kutsche vorgefahren und vier in bunte Uniformen gekleidete Herren steigen aus. Sie müssen

188

einen sehr hohen militärischen Rang innehaben, denn die Wachen salutieren zackig.

Es war eine lange Reise, von München bis hierher, in der heißen Kutsche auf den holperigen Straßen. Aber Sie sind nicht müde. Nur etwas verschwitzt, in Ihrem einfachen Reisekleid.

Drüben am Berg tauchten gerade die letzten Strahlen der untergehenden Ischler Sonne die Berggipfel in goldgelbes Licht. Sie wissen nicht wie dieser Berg da drüben heißt, aber morgen wollen Sie sich ihn ganz aus der Nähe ansehen.

Wieder ein Klopfen an der Tür. „Prinzessin! Ihr wollt doch heute Abend auch dabei sein, wenn der Kaiser kommt!"

Sie gehen zur Tür, öffnen den schweren Messingriegel und lächeln die mit hochrotem Kopf dastehende, schwitzende dicke Kammerfrau an.

„Ja, dabei sein will ich schon, wenn sich heute Abend der Kaiser mit meiner Schwester verlobt!".

LITERATURVERZEICHNIS

(1) MOODY, R.A. (1977) Leben nach dem Tod. Rowohlt, Reinbek bei Hamburg.

(2) KÜBLER-ROSS, E. (1973) Interview mit Sterbenden, 6. Aufl., Kreuz, Berlin.

(3) WISNEWSKI, G. (1999) Was passiert an der Schwelle zum Jenseits? In: P:M:Perspektive 99/055

(4) RING, K. (1984) Heading Toward Omega. In Search of the Meaning of the Near-Death Experience. Quil, William Morrow , New York,

(5) GREY, M. (1982) The Near-Death Experience. In: Dynamic Psychiatry. Pinel-Publikationen ,Berlin

(6) ELSAESSER-VALARINO, E. (1995) Erfahrungen an der Schwelle des Todes. Ariston Verlag, Genf / München

(7) OSSIS, K. und HARALDSSON, E. (1989) Der Tod - ein neuer Anfang. Verlag Hermann Bauer, Freiburg im Breisgau.

(8) RIEDL, R. (1998). Die wesenszentrale Perspektive. Die Blaue Eule, Essen

(11) NORBU, N. (1994). Traum-Yoga. Barth Verlag.

(12) GARFIELD, P. (1980). Kreativ träumen. Ansata-Verlag, Schwarzenburg

(13) LISCHKA, A. (1979). Erlebnisse jenseits der Schwelle. Ansata-Verlag, Schwarzenburg

(15) EVANS-WENTZ, W. Y. (1977). Das Tibetische Totanbuch. Walter-Verlag, Olten und Freibung im Breisgau

(16) EVANS-WENTZ   s. o. S. 182

(17) EVANS-WENTZ   s. o. S. 184

(18) EVANS-WENTZ   s. o. S. 186

(19) EVANS-WENTZ   s. o. S. 209

(20) EVANS-WENTZ   s. o. S. 210

(21) EVANS-WENTZ   s. o. S. 213

(22) EVANS-WENTZ   s. o. S. 206

(24) SCHÜTZ, A., LUCKMANN, T. (1984). Strukturen der Lebenswelt. Frankfurt am Main: Suhrkamp (1984).

Weitere Bücher von Rudolf Riedl

SACHBUCH

Lassen Sie Ihren Träumen Flügel wachsen
ISBN 3-8330-0328-6 120 Seiten EUR 10,00
In Phantasien und Tagträumen steckt ein riesiges Potential an Freude
und Glück. Wer es sich erschließen kann, gewinnt ein zweites Leben.
Dieses Buch ist ein kurz gefasster Reiseführer das Land der Phantasie.
Sie erfahren, wo Sie Ihre Reise in die Phantasiewelt beginnen können,
wie Sie sich dort zurecht finden, was unterdessen mit Ihrem Körper
geschieht und an welchen Orten im Reich der Phantasie Sie nach den
Schätzen des Glücks und der Freude suchen sollten.

Sanfte Medizin für Ihre Zähne
ISBN 3-7626-0816-4 208 Seiten EUR 15,00
Für viele Menschen gehört der Besuch beim Zahnarzt zu den unange-
nehmsten Erlebnissen, die man sich vorstellen kann. Sanfte Medizin
für Ihre Zähne zeigt Ihnen, wie Sie die Angst vor der Zahnbehandlung
überwinden, sich bei Problemen im Mund selbst helfen und die Zahn-
pflege zu einem schönen Erlebnis machen.

Mit Vergnügen älter werden
ISBN 3-7626-0790-7 336 Seiten EUR 16,50
Ab dem 50sten Lebensjahr beginnt die Lebensphase, in der sich Men-
schen Erfüllung verdient haben. Mit Vergnügen älter werden ist voller
Tipps und Tricks für ein drittes Alter voll glücklich machender Erfah-
rungen.

Wenn die Seele Urlaub macht
ISBN 3-7626-0752-4 232 Seiten EUR 15,50
Wenn die Seele Urlaub macht ist ein Lehrgang im Tagträumen. Sie
lernen, wie Sie Ihre persönlichen Wünsche in bunte Erlebnisse umset-
zen.

Erfolgreich tagträumen
ISBN 3-7626-0861-X 110 Seiten EUR 5,00
Erfolgreich tagträumen ist eine kleinformatige Ausgabe des Buches
<Wenn die Seele Urlaub macht> aus der Reihe Nahrung für die Seele.
Wer seine Tagtraumanleitungen stets griffbereit in der Jackentasche
oder im Handtäschchen bei sich tragen möchte, findet in diesem klei-
nen Bändchen das passende Format.

Die wesenszentrale Perspektive

ISBN 3-89206-885-2 358 Seiten EUR 40,00

Die wesenszentrale Perspektive beschreibt die Welt des Menschen als Produkt seines Erlebens. In vier spannenden Kapiteln lernt der Leser ein Weltmodell kennen, das einerseits dem Weltbild der Physik diametral gegenüber steht, andererseits die Schwierigkeiten des Materialismus ausgleicht und glättet.

BELLETRISTK

Gefangen auf dem Schiff der Puppen
ISBN 3-8330-0215-8 100 Seiten EUR 6,00
Eine schöne Weltreise hätte es werden sollen. Doch schon nach wenigen Tagen auf See geraten die vier Urlauber in die Hände von Verbrechern. Als sie sich zur Flucht entschließen, taucht aus dem Nebel ein geheimnisvolles Schiff auf ...

Abenteuer rund um unser Baumhaus
ISBN 3-8330-0278-6 124 Seiten EUR 6,90
Einen Raketenschlitten bauen wollen die fünf Freunde, als nach der 7. Klasse die Sommerferien beginnen. Ehe es jedoch ans Konstruieren geht, muss erst ein geheimes Hauptquartier gefunden werden. Nach abenteuerlichem Suchen bauen die Jungen ein gewaltiges Baumhaus. Die ganzen Ferien über tragen sie alle notwendigen Dinge zusammen, um in der Krone einer mächtigen Eiche mitten im Wald ein komfortables Quartier zu errichten. Von hier aus unternehmen die Jungen waghalsige Streifzüge in eine nahe gelegene Tropfsteinhöhle, zu ersten amourösen Versuchen und schließlich wieder in die fast vergessene Schule. Ob der Raketenschlitten daneben überhaupt noch eine Chance hat?
Abenteuer rund um unser Baumhaus - eine aktionsreiche Sommergeschichte für junge Leute ab neun Jahren.

Mehr Infos zu den Büchern von Rudolf Riedl unter

www.erlebenswelt.de/werke.htm